AI+5G
时空营销

李 韩 朱 磊 王东方 王天龙 何 超 ◎著

中国出版集团
中译出版社

图书在版编目（CIP）数据

AI+5G 时空营销 / 李韩等著. -- 北京：中译出版社，2024.12. -- ISBN 978-7-5001-8148-4

Ⅰ. F713.365.2

中国国家版本馆 CIP 数据核字第 2024V98U71 号

AI+5G 时空营销
AI+5G SHIKONG YINGXIAO

著　　者：李　韩　朱　磊　王东方　王天龙　何　超
策划编辑：于　宇
责任编辑：于　宇
文字编辑：李晟月
出版发行：中译出版社
地　　址：北京市西城区新街口外大街 28 号 102 号楼 4 层
电　　话：（010）68002494（编辑部）
邮　　编：100088
电子邮箱：book@ctph.com.cn
网　　址：http://www.ctph.com.cn

印　　刷：固安华明印业有限公司
经　　销：新华书店
规　　格：880 mm×1230 mm　1/32
印　　张：9.25
字　　数：162 千字
版　　次：2024 年 12 月第 1 版
印　　次：2024 年 12 月第 1 次印刷

ISBN 978-7-5001-8148-4　　　　定价：79.00 元

版权所有　侵权必究
中译出版社

推荐序

在数字化变革加速的今天,AI 和 5G 技术已经不再是遥远的科幻概念,而是切实推动行业进步和创新的重要力量。特别是在营销领域,这两大技术的融合为我们开启了一个全新的时代。本书《AI+5G 时空营销》恰逢其时,深入探讨了 AI 与 5G 如何在营销的各个场景中发挥巨大的潜力,提供了丰富的理论框架和实际应用案例。它不仅为企业和营销人员提供了全面的指导,更为行业的未来发展指明了方向。

作为中国通信行业的领导者,联通沃音乐在 5G 时空营销领域的探索和实践,为本书的创作提供了扎实的基础。从 5G 视频彩铃到 AI 驱动的智能推荐,联通沃音乐结合其在技术和资源方面的优势,展示了如何将 5G 与 AI 有机结合,为行业提供了一系列创新性解决方案。这些实践不仅验证了技术的可行性,更为行业的数字化转型树立了标杆。

作者团队凭借在联通沃音乐的丰富实践经验,结合 AI

与 5G 技术的深度融合，为我们呈现了一个全新的营销世界。书中不仅系统梳理了 5G 时空营销的理论框架，还通过大量实际案例，展示了 5G 视频彩铃、AI 赋能、智能推荐等技术的广泛应用场景。无论是公益传播、党政宣传，还是城市文旅、快消品牌营销，这本书都为我们提供了极具启发性的解决方案。通过这些案例，读者可以清晰地看到，5G 与 AI 技术如何在实际业务中落地，如何为品牌传播、用户互动和商业增长带来突破性的变革。

本书的独特之处在于，它不仅展示了 AI+5G 在营销场景中的应用潜力，还为企业和营销人员提供了实际操作的框架和思路。尤其是在 5G 视频彩铃、AI 赋能、用户画像优化等方面，作者结合沃音乐的实践经验，阐述了技术如何为营销带来突破性的变革，开辟了数字营销的新天地。通过这些内容，读者可以学习到如何将技术与业务需求相结合，如何通过数据驱动的智能推荐提升用户体验，以及如何利用 5G 的高速率和低延迟特性，创造更具吸引力的营销场景。

对于运营商、AI 技术从业者、市场营销专家以及媒体行业的专业人士来说，这本书无疑是一本不可多得的指南。它不仅帮助我们理解 5G 与 AI 技术的潜力，更指导我们如何将这些技术与实际业务相结合，创造更大的商业价值。在这个

推荐序

数字化转型的时代，这本书为我们打开了一扇通向未来的大门。它不仅是理论的总结，更是实践的指南。无论是初次接触 5G 与 AI 技术的读者，还是已经在相关领域深耕多年的专业人士，都能从中获得启发，找到属于自己的智能营销之路。

此外，本书还展望了未来技术的发展趋势，探讨了 6G 与 AI 的进一步融合可能，以及这些技术将如何继续推动营销领域的创新。通过阅读本书，读者不仅可以掌握当前的技术应用，还能为未来的行业变革做好准备。

总的来说，《AI+5G 时空营销》是一本理论与实践并重的著作，它既提供了深刻的理论洞察，又通过丰富的案例展示了技术的实际应用价值。我强烈推荐本书，无论是运营商、AI 技术公司，还是市场营销领域的专业人士，都能从中汲取智慧，找到应用 5G 与 AI 的实际路径，从而提升企业的市场竞争力，推动数字化转型。相信这本书将成为智能营销领域的经典之作，为行业的未来发展注入新的活力。

中国移动通信联合会元宇宙产业工作委员会共同主席

沈昌祥院士　郑纬民院士　倪健中会长

2024 年 11 月

自　序

在撰写这本书的过程中,我时常感受到一种强烈的使命感。5G 与 AI 技术的迅猛发展,正在重塑整个营销行业的生态。作为一名长期深耕于通信与营销领域的从业者,我深知,这场技术革命不仅带来了前所未有的机遇,也提出了全新的挑战。如何将 5G 与 AI 技术深度融合,如何将这些技术转化为切实可行的营销解决方案,是我们这一代人必须回答的问题。

这本书的诞生,源于我们在联通沃音乐的实践与思考。作为中国通信行业的领先企业,沃音乐在 5G 视频彩铃、AI 赋能等领域积累了丰富的经验。我们不仅见证了 5G 技术从概念到落地的全过程,更亲身参与了 AI 技术在营销场景中的创新应用。这些实践让我们深刻认识到,5G 与 AI 的结合,不仅仅是技术的叠加,更是一种全新的营销范式的诞生。

在本书中，我们试图从理论到实践，从技术到应用，全面梳理 5G 时空营销的核心逻辑。我们探讨了 5G 视频彩铃的营销潜力，分析了 AI 技术在用户画像、智能推荐中的应用，并通过十大行业案例，展示了 5G 时空营销的多样化场景。我们希望，通过这些内容，能够为读者提供一个清晰的框架，帮助大家更好地理解 5G 与 AI 技术在营销中的价值。

当然，这本书的完成并非一人之功。我要特别感谢暨南大学广告学系的专家团队，他们的理论指导让本书的学术性更加严谨；感谢小黄鸭数字营销公司的支持，他们的市场调研为本书提供了宝贵的数据支撑；更要感谢联通沃音乐的全体同事和合作伙伴，正是大家的共同努力，才让这本书的内容如此丰富和扎实。

写作的过程，也是一次自我反思与成长的过程。每一次对技术的深入探索，每一次对案例的细致分析，都让我对 5G 与 AI 的未来充满期待。我相信，随着技术的不断进步，5G 时空营销的应用场景将会更加丰富，AI 的能力也将更加强大。而我们所能做的，就是不断探索、不断创新，为行业的未来发展贡献自己的力量。

最后，我想对每一位读者说，这本书不仅仅是对 5G 与

自　序

AI 技术的总结，更是对未来的展望。希望它能够激发您的思考，帮助您在智能营销的浪潮中找到属于自己的方向。让我们一起，拥抱这个充满可能的时代。

李韩

2024 年 11 月

前言

在数字经济时代，营销行业正经历着一场革命性的变革。在过去，营销往往被视为一项传统的商业活动，通过广告、促销和品牌推广等方式，为产品或服务带来更多曝光和销售机会。然而，随着移动互联网和5G技术的发展，营销方式正在发生巨大的变革，5G时空营销作为营销新模式，也随之应运而生。

5G时空营销是一种新型的数字营销方式，它主要依靠5G技术在时空上的优势，将场景、内容和用户行为结合起来，实现精准推送和营销。与传统的广告推送不同，5G时空营销更加注重精细化、个性化和互动化，能够提高用户的参与度和购买意愿，从而为企业带来更多的商业机会。

5G时空营销的出现，离不开5G技术在营销领域的应用。5G技术以其高速率、低时延、大连接等特点，为营销行业带来了许多新的机会和挑战。

联通沃音乐作为中国通信行业中的企业服务领先者，不仅在技术创新上保持着领先地位，更在5G时空营销领域提供了一系列创新性的解决方案，如5G新文创专业解决方案、5G消费互联网解决方案、5G商务智能解决方案、5G融合经营解决方案以及OMO新零售智能营销系统等。这些解决方案基于5G技术，结合了人工智能、大数据、云计算等先进技术，实现了数字化营销、智能营销等多种营销手段的应用，推进了数字经济的快速发展。

在数字经济时代，5G时空营销被视为未来的发展趋势。随着5G技术的普及和应用，5G时空营销的应用前景和潜力将会越来越大。它将不仅仅是一种新型的数字营销方式，更是企业发展的重要策略之一。因此，深入研究5G时空营销的概念、意义和应用，对于企业和营销人员具有重要的指导意义。

本书旨在深入探讨5G时空营销的理论、模型和应用，从而为企业和营销人员提供更加全面、深入的指导和支持。接下来，我们将从新型营销模型、联通自有产品服务、5G视频彩铃投放等多方面对5G时空营销进行分析和探讨，希望通过本书的阐述，为大家揭示5G时空营销的奥秘和价值，帮助企业和营销人员更好地应用5G时空营销，实现数字化转型和商业成功。

目 录

第一章　AI+5G 时空营销综述：智能时代的营销新范式

第一节　5G 时代的营销变革　004

第二节　5G 时空营销的价值　024

第二章　AI 赋能 5G 时空营销应用场景

第一节　5G 时空营销理论的实践基础及工作指导　029

第二节　5G 时空营销理论及模型　033

第三节　5G 时空营销基于联通沃音乐的全域应用图谱　045

第四节　AI 驱动的智能推荐与用户画像优化　061

第三章　AI+5G 视频彩铃：开创时空营销新模式

第一节　5G 时代的 5G 视频彩铃　072

第二节　5G 视频彩铃：让传播更加出彩　085

第三节　5G 视频彩铃的营销特点　099

第四节　5G 视频彩铃的产品形态　111

第五节　5G 视频彩铃的合作方式　120

第六节　AI 赋能 5G 视频彩铃的个性化与智能分发　128

第四章　AI+5G 视频彩铃的十大行业应用及案例

第一节　公益彩铃：不只是通话，更是一种公益传播新形式　143

第二节　党政宣传：助力党政宣传，打造党建宣传新阵地　148

第三节　城市文旅：助力城市宣传，打造文旅宣传新阵地　153

第四节　体育赛事：面向品牌传播提供场景化服务，差异化媒体价值　160

第五节　影视娱乐：助力 IP 孵化/内容宣发，打造文化/内容传播新阵地　166

第六节　快消行业：为快消客户提供品牌主题营销，传递品牌故事　171

第七节　数码家电：为数码产品营销提供新思路，精准覆盖终端用户　175

第八节　钟表首饰：建立品牌形象护城河，占领用户心智的第一认知　180

目 录

第九节 汽车行业：创新汽车品牌营销渠道，引爆车企品牌传播声量 183

第十节 美妆电商：提升私域流量种草认可度，塑造优质品牌形象 186

第五章 AI 科技突破 5G 时空营销内容壁垒

第一节 5G 与 AI 科技的融合背景 196

第二节 AIGC 的应用潜力及应用案例 205

第三节 整合 5G+AI+ 大数据 + 新零售等能力 221

第六章 AI+5G 营销工具的前景与展望

第一节 AI+5G 时空营销的五个发展趋势 230

第二节 AI+5G 商务智能探索品牌营销新范式 236

第三节 5G 视频号：企业品牌传播的新领地 243

第四节 5G 数智品牌监测：打造 5G 品牌管家 251

第五节 5G 新文创平台，赋能拓展大文娱 254

第六节 AI+5G 驱动下营销工具的智能化发展 258

第七节 流量池经营 + 生态化合作 267

第八节 对客户生命周期运营场景的展望 272

后 记_277

第一章
AI+5G 时空营销综述：智能时代的营销新范式

5G 技术的革新,将会给传统的数字营销带来巨大的变革。5G 网络的三个特点,即高速率、低时延和大连接,为数字营销带来了更多的创新可能。具体来说,5G 时代的数字营销将会呈现以下几个方面的变革。

1. 内容更加丰富、更加多样化。由于 5G 网络的高速率和低时延,数字营销的内容形式将更加丰富和多样化,例如高清视频、虚拟现实/增强现实(VR/AR)等。

2. 用户体验更加舒适。数字营销的用户体验将会更加舒适和顺畅,例如视频播放无卡顿、实时互动等。

3. 数据分析更加精准。由于 5G 网络与大数据的技术基础,数字营销的数据采集和分析将更加精准,可以对用户的行为和喜好进行更精细的分析和预测。

4. 个性化服务更加普及。由于算法的革新,数字营销的个性化服务将更加普及,例如根据用户的需求和喜好进行推荐等。

以上这些变革，将会为数字营销带来更多的创新可能性和商业机会。目前正是随着5G技术的普及和发展，越来越多的企业开始关注和探索如何利用5G技术来进行数字营销，这使得营销行业也将迎来全新的变革和机遇。下面本书将从全时空传播、精准营销、沉浸式体验营销三个方面来探讨5G时代的营销变革。

第一节　5G时代的营销变革

一、5G推动全时空传播

5G技术的普及和发展带来了全新的营销变革和机遇，其中5G的全时空传播是一个重要的变革，它将改变营销的传播范围和传播方式。传统的广告营销主要依赖于传统媒体，如电视、广播、报纸等；而5G技术的普及将带来全时空传播的新时代。

在5G技术的支持下，营销信息可以随时随地地传播到用户的手机、电视、平板等终端设备上，无论用户何时何地都能够接收到营销信息。这将大大拓展了营销的传播范围和传播渠道,也让广告商和营销人员有更多的机会和方式去接触用户。

同时,5G 技术还可以实现更高质量的传输,这也让营销信息的传播更加高效和稳定。不再像传统的广告媒介那样存在受限于距离、信号、网络环境等因素的局限性,5G 技术的全时空传播让营销信息可以随时随地地传输到用户的终端设备上,真正做到了广告无处不在。

5G 技术的全时空传播带来了营销投放的全覆盖,使得营销信息可以覆盖到任何一个终端设备,随时随地地传播到用户的手中。这种全时空传播是传统媒体所无法达到的。

5G 技术在营销推广上,打破投放时间、触达空间、收费模式、投放内容四大限制:

在投放时间上,5G 技术可以实现实时传播,广告商和营销人员可以根据不同的用户需求和场景,选择不同的营销方式和内容进行传播。在 5G 技术的支持下,广告商可以更加准确地把握用户所处的位置、所使用的设备、所访问的网站等信息,从而更加有针对性地向用户推送广告。

在投放空间触达上,5G 技术可以实现全面覆盖。营销信息可以通过移动设备、社交媒体、短视频等方式进行传播,使得传播方式更加多样化和个性化。同时，5G技术的全时空传播也可以跨越国界和地域的限制，实现了全球范围内的广告投放和传播，让广告商和营销人员能够面向全球市场进行广告宣传和营销活动。

在收费模式上，5G技术也带来了巨大的变化。传统的广告营销收费主要依赖于广告曝光量、点击量、转化率等，而5G技术的全时空传播可以更加精准地收集用户信息，提供更加个性化的广告推送，实现广告营销收费的差异化和个性化，从而更加精准地满足广告商和营销人员的需求。

在投放内容上，5G技术也带来了更多的可能性。在传统媒体时代，广告内容主要以文字、图片和视频为主，而在5G技术的支持下，营销信息可以实现更多元化的表现方式，如AR/VR技术、互动式广告、虚拟人内容、裸眼三维视频等，从而更好地吸引用户的注意力和兴趣，提高广告的传播效果。

总之，5G技术的全时空传播为营销带来了全新的机遇和变革。全时空传播的优势在于传播范围广、传播方式多样化、投放时间和空间触达的差异化、收费模式的个性化和投放内容的更加多元化，这些优势使得5G技术成为全时空营销的核心技术和标志性特征。因此，营销人员和广告商需要充分利用5G技术的优势,灵活运用各种营销手段和策略,更好地实现营销目标和推广效果。

二、5G为精准营销提供更多机遇

5G技术的应用,为数字营销带来了更多的机遇和可能性,特别是在精准营销方面,5G技术的应用更是可以带来重大的变革。

(一)5G技术对精准营销的影响

在数字营销领域,精准营销一直是一个重要的概念。精准营销是指根据客户特征和需求,利用各种手段和渠道,向潜在客户推送有针对性的营销信息,从而提高营销效果和ROI。而在5G技术的应用下,精准营销可以获得更多的机遇和优势。主要体现在以下几个方面:

更精细的用户画像:5G技术可以采集更多更精细的用户数据,例如用户的位置信息、移动轨迹、使用偏好等,从而形成更加精细的用户画像,为精准营销提供更准确的基础数据。

更多样化的营销手段:5G技术可以支持更多样化的营销

手段，例如VR/AR互动、直播营销、短视频等，从而满足用户多样化的需求和喜好，提高营销效果和用户体验。

更高效的数据分析：5G技术的低时延和大带宽，可以支持更高效的数据采集和分析，例如实时流数据分析、边缘计算等，为精准营销提供更精准的数据支撑。

更智能化的营销决策：5G技术的应用可以支持更智能化的营销决策，例如基于AI技术的营销自动化、智能推荐等，从而提高营销效率和效果。

综上所述，5G技术的应用可以为精准营销带来更多的机遇和优势，可以提高营销效果和用户体验，为企业带来更多商业价值和市场竞争力。

（二）5G技术在精准营销中的应用案例

在5G技术的应用下，精准营销已经在各个行业和领域得到了广泛的应用和实践。以下是几个成功案例：

地理位置营销：5G技术可以支持更精准的定位和跟踪，从而为地理位置营销提供更好的基础数据。例如某快递公司在用户下单后，可以通过5G技术将快递员的位置信息实时推送给用户，提高服务质量和用户体验。

短视频营销：短视频是5G时代最热门的营销方式之一。

例如品牌通过 5G 技术制作一系列短视频广告，在社交媒体平台进行推广，取得了不错的效果。

智能推荐：5G 技术可以支持更智能化的推荐算法和推荐模型，从而为用户提供更加个性化和准确的推荐服务。例如某电商平台可以利用 5G 技术的大带宽和低时延，采集用户的行为数据和偏好，从而实现更加精准的商品推荐。

实时互动营销：5G 技术可以支持更高效的实时互动营销，例如直播营销、在线问答等。例如某知名博主利用 5G 网络进行直播活动，吸引了大量的观众和粉丝，取得了不错的收益和声誉。

以上这些案例，都充分说明了 5G 技术在精准营销中的重要作用和优势，可以为企业带来更多的商业机遇和市场竞争力。

（三）5G 技术在精准营销中的挑战和解决方案

虽然 5G 技术在精准营销中具有重要的作用和优势，但同时也面临着一些挑战和问题。以下是几个常见的挑战：

数据安全和隐私问题：由于 5G 技术可以采集更多精细化的用户数据，因此也增加了数据安全和隐私泄露的风险。企业需要制定完善的数据安全策略和隐私保护措施，加强数据的管理和保护。

网络建设和成本问题：5G网络建设需要较高的成本和技术投入，对于小型企业来说可能不太现实。企业需要根据自身的实际情况，制定合适的5G应用方案和投资计划。

用户体验问题：虽然5G技术可以提高营销效果和用户体验，但同时也需要考虑用户的需求和反馈。企业需要根据用户的反馈，及时调整和优化5G营销策略和服务体验，保持用户的满意度和忠诚度。

（四）5G技术精准营销的未来趋势

随着5G网络的普及和应用，5G技术在精准营销中的应用也将会不断发展和升级。以下是几个未来趋势：

增强现实技术的应用：5G技术可以支持增强现实技术的应用，从而为精准营销提供更佳的互动性和创新性。例如某零售企业可以利用5G技术的大带宽和低时延，为用户提供更加真实的购物体验。

区块链技术的应用：5G技术可以支持区块链技术的应用，从而为精准营销提供更加可靠和透明的数据保障。例如某广告公司可以利用5G技术和区块链技术，实现广告投放和效果追踪的自动化和智能化。

大数据和人工智能的应用：5G 技术可以支持大数据和人工智能的应用，从而为精准营销提供更加精准和智能的推荐服务。例如某电商平台可以利用 5G 技术和人工智能算法，分析用户的购买历史和偏好，为其推荐最合适的商品。

跨界融合的应用：5G 技术可以支持不同行业和领域之间的跨界融合，从而为精准营销带来更多创新性和可能性。例如某文化企业可以利用 5G 技术和互联网技术，实现线上线下的融合和互动，从而提高用户的文化体验和参与度。

三、5G 推动沉浸式体验营销发展

随着 5G 技术的普及和应用，沉浸式体验营销也逐渐成为数字营销领域的新热点。沉浸式体验营销是指利用虚拟现实（VR）、增强现实（AR）等技术，为用户提供更加逼真和身临其境的营销体验，从而提高用户的参与度和体验感。在 5G 技术的支持下，沉浸式体验营销可以得到更加广泛和深入的应用和发展。本篇论述将围绕着"5G 推动沉浸式体验营销发展"展开系统研究，全文共分为以下几个部分（总字数约为 5000 字）：

（一）5G 技术对沉浸式体验营销的影响

沉浸式体验营销是一种新兴的利用技术手段为用户提供更加逼真和身临其境的营销体验方式。而在 5G 技术的应用下，沉浸式体验营销可以获得更多的机遇和优势。主要体现在以下几个方面：

更高速率的网络传输：5G 技术的高速率可以实现更流畅和高清的图像和视频传输，从而提高用户的观感和体验感。

更低时延的网络响应：5G 技术的低时延可以保证用户的操作和反应更加实时和自然，从而提高用户的参与度和身临其境感。

更大带宽的网络支持：5G 技术的大带宽可以支持更多、更复杂的数据和应用，从而实现更加丰富和细致的营销体验。

更多样化的应用场景：5G 技术可以支持更多样化的应用场景，例如 VR/AR 体验、直播营销、虚拟漫游等，从而满足用户多样化的需求和喜好。

综上所述，5G 技术的应用可以为沉浸式体验营销带来更多的机遇和优势，可以提高营销效果和用户体验，为企业带来更多商业价值和市场竞争力。

（二）5G 技术在沉浸式体验营销中的应用案例

在 5G 技术的应用下，沉浸式体验营销已经在各个行业和领域得到了广泛的应用和实践。以下是几个成功案例：

汽车营销：某汽车公司利用 5G 技术和虚拟现实技术，为用户提供更加逼真和身临其境的试驾体验。用户可以通过 VR 眼镜，模拟真实的驾驶场景和驾驶感受，从而更加直观和准确地了解车辆性能和特点。这种营销方式不仅提高了用户的参与度和体验感，也为汽车公司提高了品牌形象和销售额。

旅游营销：某旅游公司利用 5G 技术和 AR 技术，为用户提供更加逼真和身临其境的旅游体验。用户可以通过 AR 眼镜或者手机 App，实现虚拟导览、景点介绍、美食推荐等功能，从而提高旅游的趣味性和互动性。这种营销方式不仅促进了旅游业的发展和创新，也为旅游公司提高了品牌认知度和市场占有率。

教育营销：某在线教育平台利用 5G 技术和虚拟现实技术，为学生提供更加生动和直观的学习体验。例如利用 VR 眼镜，让学生身临其境般地参观历史场景或者科学实验室，从而提高学生的兴趣和参与度。这种营销方式不仅提高了教育的质量和效果，也为在线教育平台提高了用户黏性和市场竞争力。

医疗营销：某医疗器械公司利用5G技术和虚拟现实技术，为医生和患者提供更加精准和实时的医疗服务。例如利用AR眼镜，让医生实时观察和分析患者的病情和治疗效果，从而提高医疗的准确性和效率。这种营销方式不仅改善了医疗服务的质量和效果，也为医疗器械公司提高了品牌形象和市场占有率。

以上这些案例，都充分说明了5G技术在沉浸式体验营销中的重要作用和优势，可以为企业带来更多的商业机遇和市场竞争力。

（三）5G技术在沉浸式体验营销中的挑战和解决方案

5G技术虽然在沉浸式体验营销中具有重要的作用和优势，但同时也面临着一些挑战和问题。以下是几个主要的挑战和解决方案。

硬件设备的成本和复杂性：沉浸式体验营销需要大量的硬件设备支持，例如VR眼镜、AR眼镜等。这些设备不仅价格高昂，而且还需要用户具备一定的操作技能和使用经验，从而限制了其普及和推广。企业需要积极探索和研发更加便捷和智能的硬件设备，降低用户的使用门槛和成本。

技术的稳定性和安全性：沉浸式体验营销需要大量的数据传输和处理，从而面临着技术稳定性和安全性的挑战。一旦技术出现故障或者安全漏洞，就会给用户带来负面的影响和体验感。企业需要加强技术的稳定性和安全性管理，及时发现和处理技术问题和漏洞，保障用户的数据安全和使用体验。

用户隐私保护和合规要求：沉浸式体验营销需要大量的用户数据支持，例如用户的位置、兴趣、偏好等。但同时也需要保护用户的隐私和个人信息，遵守相关的法律法规和规范要求。企业需要建立健全的用户隐私保护机制，采取适当的技术和措施，保障用户的隐私和权益。

营销效果和用户体验管理：沉浸式体验营销需要在技术和内容方面保持高质量和创新性，从而提高营销效果和用户体验。企业需要积极探索和研发更加丰富和创新的内容和体验，及时了解用户反馈和需求，调整和优化营销策略和服务体验。

综上所述，5G技术在沉浸式体验营销中的应用具有重要的作用和优势，但同时也面临着一些挑战和问题。企业需要采取相应的解决方案和措施，保证技术和内容的高质量和创新性，提高用户的参与度和体验感，从而实现可持续的发展和创新竞争优势。

（四）5G 技术在沉浸式体验营销中的未来趋势

随着 5G 技术的不断升级和发展，沉浸式体验营销也将会呈现出更多的创新和可能性，以下是几个未来趋势。

更加多元化和个性化的应用场景：随着 5G 技术的普及和应用，沉浸式体验营销的应用场景将会更加多元化和个性化，可以为用户提供更加丰富和个性化的营销体验。例如在购物、娱乐、教育等领域，可以利用 VR/AR 技术，实现更加智能和个性化的营销服务。

更加智能化和自动化的营销方式：随着人工智能和大数据技术的发展，沉浸式体验营销也将会呈现出更加智能化和自动化的趋势。企业可以通过数据分析和人工智能算法，实现更加精准和个性化的营销推广和服务，从而提高用户的参与度和转化率。

更加智能化和个性化的硬件设备：随着硬件设备技术的不断创新和发展，沉浸式体验营销的硬件设备也将会呈现出更加智能化和个性化的趋势。例如智能眼镜、智能手环等，可以实现更加智能化和个性化的营销体验和服务。

更加社交化和互动化的营销体验：随着社交媒体和直播

技术的发展，沉浸式体验营销也将会呈现出更加社交化和互动化的趋势。企业可以通过社交媒体和直播平台，实现更加互动化和实时化的营销服务，从而提高用户的参与度和体验感。

综上所述，5G 技术作为数字营销领域的新兴技术，不仅在精准营销和沉浸式体验营销中发挥着重要的作用和优势，也为企业带来更多的机遇和挑战。在未来，随着 5G 技术的不断升级和发展，数字营销将会呈现出更加多元化和智能化的趋势，企业需要不断学习和掌握最新的技术和应用，创新和优化。

四、线上营销渠道更畅通、更多元

当我们谈到 5G 时代营销，无法避免地要谈到线上营销。5G 技术可以帮助营销者更好地了解目标受众，更好地抓住用户的注意力，从而实现更好的营销效果。同时，5G 技术也为线上营销提供了更加畅通和多元的渠道，这为营销者提供了更多的选择和机遇。

（一）5G 技术为线上营销带来的影响

随着 5G 技术的普及，网络通信的速度和带宽将会显著提升，这为线上营销提供了更广阔的发展空间和更多的机遇，具体包括以下三个方面。

①提高了网页加载速度和改善用户体验：在 5G 时代，用户的上网速度将会大大提升，这将极大地改善用户的上网体验。网页加载速度的提升将会让用户更容易接受线上广告，同时也能够更好地了解广告和广告内容。这也使得广告主能够更好地展示他们的产品或服务，吸引更多的目标受众。

②加强了视频营销的地位：5G 技术的加持，为视频营销提供了更多的机遇。在 5G 时代，用户可以更快地下载和上传视频内容，视频广告可以更容易地被用户接受和观看。同时，5G 技术的应用也使得在线视频广告更容易地达到高清晰度，提供更好的观看体验，这对于品牌展示和营销非常重要。

③加强了社交媒体营销的地位：在 5G 时代，社交媒体成为一个重要的营销渠道，这得益于 5G 技术的普及。5G 技术可以帮助社交媒体更好地传递信息，提高信息传输效率，同时也为品牌提供了更多的机会和可能性来推广自己的产品或服务。

（二）5G 技术让线上营销与消费者的触达链路/转化链路更畅通

在过去，线上营销主要是通过碎片化时间来抓住用户的注意力，比如短信、微信公众号、App 等。但是随着 5G 技术的发展，线上营销的畅通度将会更高，因为 5G 技术可以渗透到用户最细碎的时间和线上行为中，从而更好地了解用户的需求和行为，实现更好的粉尘化时间抓取。

举例来说，以 5G 视频彩铃为例，传统的彩铃只能在用户呼叫时播放。但是有了 5G 技术的加持，营销者可以将视频广告嵌入彩铃中，实现在用户等待对方接听时进行视频广告推广。这样即使是打电话的那 5 秒钟时间也可以被充分利用，提高了营销的效果。

（三）5G 技术丰富了线上营销的多元化方式

除了更加畅通之外，5G 技术还丰富了线上营销的多元化方式。以彩信为例，5G 技术可以为彩信营销提供更快速、更高清的图像传输，从而提高彩信营销的效果。另外，5G 技术也可以帮助营销者更好地利用视频彩铃、短信公众号、实时广告牌等线上营销方式，从而实现更好的营销效果。

比如，视频彩铃是一种新型的营销方式，它可以通过视频和音频的形式向用户推广产品或服务。5G 技术可以为视频彩铃提供更高的传输速度和更高清晰度的图像传输，从而提高视频彩铃的效果。另外，短信公众号也是一种非常有效的营销方式，5G 技术可以帮助营销者更好地了解用户的行为和需求，从而实现更好的短信营销效果。实时广告牌也是一种非常受欢迎的营销方式，5G 技术可以为实时广告牌提供更好的传输速度和更高清晰度的图像传输，从而实现更好的营销效果。

此外，5G 技术也为线上营销提供了更多的可能性，比如增强现实技术和虚拟现实技术。这些新技术可以帮助营销者更好地展示产品或服务，吸引更多的目标受众。比如，增强现实技术可以帮助营销者将虚拟的产品或服务融入现实场景中，从而提高用户的参与度和转化率。

总之，5G 技术为线上营销带来了更加畅通和多元的渠道，为营销者提供了更多的选择和机遇。5G 技术的发展将会进一步推动线上营销的创新和发展，为品牌展示和营销提供更好的平台。

五、AI 赋能 5G 时空营销的创新与实践

5G 技术的普及带来了营销领域的全时空变革，但真正让

5G营销焕发智慧光芒的，是AI技术的深度赋能。在5G构建的高速、低延时网络中，AI以其卓越的数据处理能力和智能算法，让营销从"覆盖式传播"迈向"精准化、个性化触达"。两者的结合，不仅扩展了营销传播的边界，更催生了全新的智能营销模式。

首先，AI让5G时空营销的核心——用户数据，具备了真正的分析价值。在5G网络的支持下，海量用户行为数据能够以毫秒级的速度进行传输和处理。然而，单纯的数据量并不等同于有效信息。AI通过机器学习与算法优化，从用户的位置轨迹、消费习惯和实时行为中提取出洞察力，从而实现精准的用户画像。一个典型的例子是，基于5G网络实时获取的用户位置数据，AI可以推断出用户当前的消费意图并匹配相应的广告内容。当用户进入商业区时，他们可以在手机上立刻接收到附近商场的折扣推送，从而大幅提高到店转化率。这种智能分析能力，为品牌提供了前所未有的营销机会。

其次，AI为5G时空营销提供了内容生产的多样性与自动化支持。以往，广告内容的生成往往需要较长的制作周期和大量的人工投入，而在AI技术的帮助下，人工智能生成内容（AIGC）可以快速创作出符合特定用户偏好的动态广告内容。这些内容不仅可以在5G网络的支持下实现高清呈现，更能根据用户的实时行为做出调整。例如，一个用户在浏览某电商平台的商品后，AI系统可以立即为其生成一段个性化的短视频广告，通过社交平台或视频彩铃形式推送到用户终端，让营销内容与用户需求完美对接。

这种AI驱动下的内容生产与分发，不仅提升了营销效率，还让广告的触达更加精准和灵活。在中国联通推出的"视频彩铃"服务中，这种能力得到了充分展现。基于AI推荐算法，"视频彩铃"可以根据用户的兴趣爱好与使用行为，为每位用户动态生成适合的品牌广告内容。比如，时尚类品牌针对年轻用户推送潮流产品的短视频，而高端商务品牌则为商务人士推荐腕表或奢侈品。通过5G网络的支持，这些视频广告能够以高清画质无延迟传递到用户终端，在提升用户观看体验的同时，大幅提高广告的点击率和转化率。这种创新的营销模式，让传统的"等待接听"时间转化为品牌宣传的黄金时段，真正实现了用户体验与广告价值的双赢。

不仅如此，AI还彻底重塑了广告投放与优化的过程。在传统营销中，广告效果的评估往往滞后于投放，而AI结合5G网络所具备的实时反馈能力，改变了这一局面。广告的每一次点击、浏览甚至停留时长，都会被实时记录并传输至AI

第一章 AI+5G 时空营销综述：智能时代的营销新范式

系统，供其进行精准分析。基于分析结果，广告投放策略可以动态调整。例如，当某品牌发现特定广告创意的点击率偏低时，AI 系统可以即时替换为表现更好的内容，并重新匹配目标受众，从而显著提升 ROI。这种以数据驱动的实时优化能力，是传统营销方式无法比拟的。

再次，AI 与 5G 的结合不仅在当前的实践中大放异彩，也为未来营销的发展打开了全新的可能性。随着情境识别技术的成熟，品牌能够通过 AI 识别用户的实时状态，并基于 5G 网络的低延时优势，在正确的时间提供最相关的内容。试想，当用户身处健身房时，他们的手机可以接收到与运动相关的优惠活动推送；而当他们在书店浏览时，则可能收到推荐的畅销书广告。这种基于场景的精准触达，将让营销从单向传播转变为用户情境的深度交互。

最后，沉浸式体验也将成为 AI 与 5G 结合的重要创新领域。在未来的营销中，用户不仅仅是广告的接受者，更是内容的深度参与者。例如，借助 AI 生成技术与 5G 网络支持，零售品牌可以为消费者提供虚拟试穿服务，旅游企业可以实现景区的沉浸式虚拟导览，而汽车厂商则能够通过 VR 设备让消费者体验虚拟试驾。通过 AI 优化的沉浸式内容，不仅让用户体验更加生动，还能提升营销的趣味性和用户黏性。

AI赋能5G时空营销的前景是充满潜力的，但真正实现这些愿景仍需持续的技术革新与场景探索。可以预见，随着AI算法的进一步成熟以及5G覆盖面的扩展，营销将朝着更加智能化、个性化和互动化的方向加速演进。未来，品牌与用户之间的联结将不再仅仅依赖内容的覆盖面，而是通过深度的情感互动和情境化服务来实现。这种从"触达"到"互动"的跃迁，将成为AI+5G重塑营销格局的关键。

第二节　5G时空营销的价值

5G时空营销的发展，不仅可以带来营销传播范围的拓展、精准化营销的实现、沉浸式体验营销的推进，还可以为企业带来更多的价值。

首先，5G时空营销可以提高企业的营销效率。通过5G技术的支持，营销信息可以随时随地地传输到用户的终端设备上，提高了营销信息的传播效率和精准度。同时，5G技术还可以实现实时数据的监测和反馈，为企业提供更加准确的数据支持，从而更加科学地优化营销策略和提高营销效率。

其次，5G时空营销可以提高企业的品牌形象和声誉。通过5G技术的支持，营销人员可以更加深入地了解用户的需求和反馈，从而为用户提供更加贴合需求的产品和服务。这可以提高用户对企业的信任度和满意度，为企业树立良好的品牌形象和声誉。

最后，5G时空营销还可以提高企业的盈利能力。通过5G技术的支持，营销人员可以更加精准地把握用户的需求和反馈，从而为用户提供更加个性化的产品和服务。这可以提高用户对产品和服务的认知和满意度，进而提高销售量和利润率。

除了以上几点，5G时空营销还可以为企业带来更多的商业机会和发展空间。5G技术的普及和应用将带来新的商业模式和创新的机会，营销人员可以通过新的营销方式、新的产品和服务等来开拓市场和拓展业务。

总的来说，5G时代的营销变革不仅是技术上的进步，更是对营销人员的挑战和机遇。在未来的营销中，营销人员需要更加注重用户体验和个性化服务，利用5G技术和其他技术手段来提高营销效率和精准度，实现更加科学和有效的营销策略，从而为企业带来更多的价值和商业机会。

第二章
AI 赋能 5G 时空营销应用场景

"5G时空营销"看起来是非常宽泛的概念,但其实它已经应用在我们日常的营销场景中,联通沃音乐就是5G时空营销应用的排头兵与先行者。目前,随着5G技术应用的不断深入,新技术与原始信息资源的积累将迸发出前所未有的价值潜力。

5G时空营销理论也将作为联通沃音乐在5G新技术产品进行企业营销服务时,提供更进一步的理论指导及创新5G工具的应用工具书。

第一节 5G时空营销理论的实践基础及工作指导

联通作为国内权威的移动通信领域巨头,在过去的业务中积累了大量的用户基础、用户数据及转化渠道,这些积累下来的用户、数据与渠道都是非常宝贵且富有价值的资源。联通也逐步形成了一套从服务企业中积累资源，运用好积累的资源更好地服务中国企业的正反馈流程了。

为了更好地指导资源的分配与使用，更好地服务更多的中国企业，因此联通沃音乐率先提出"双循环理论"，而5G时空营销理论也是作为双循环理论指导下的营销经验总结。

因此要想更高维度地理解5G时空营销这个概念，结合到实际场景中，也首先需要更深入地了解在此之上的顶层设计。

一、双循环理论指导内外资源整合运营

"双循环营销理论"为公司内外营销资源整合运营的理论基础，简明扼要地明确了"用户与资源""数据与流量"的两组相对关系。以联通用户价值为核心来调动内外部资源的统筹与调度，以联通数据优势为基础指导内外部流量的精准投放与运用。

其中，用户指代用户价值是模型的驱动的核心，基于统一账户平台赋能用户分等级运营体系，实现用户价值提升。运营内循环：结合用户特征开创内容更多玩法，全面呈现视频化、媒体化，覆盖用户"通信/娱乐/购物"多个细分场景，赋能高效精准化社群运营；通过数据运营强化用户行为

分析，营销运营更精细。生态外循环：提供"五流合一"的整合式流量体系，赋能线上线下一体化触点运营；基于供应链开展联盟品牌活动，实现营销资源生态化，根据用户需求个性化推出价值产品服务组合，赋能会员运营。

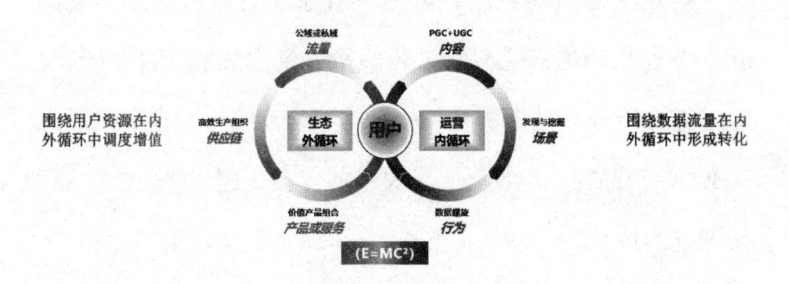

围绕用户资源在内外循环中调度增值　　公域或私域 流量　　PGC+UGC 内容　　围绕数据流量在内外循环中形成转化

高效生产组织 供应链　　生态外循环　　用户　　运营内循环　　发现与挖掘 场景

价值产品组合 产品或服务　　数据螺旋 行为

$(E=MC^2)$

简言之，用户指导着内外资源的分配调度，数据引导着流量应投向何处。在"数据与流量"的维度上，5G 时空营销理论就是基于过往 5G 技术在各类新营销工具与投放实例中形成的经验性总结，指导 OMO（线上融合线下）整合营销生态闭环实现企业数智化转型。

二、5G 时空营销的基础搭建

5G 时空营销的基础搭建是搭建起能够贯通 5G 技术、大数据资源、创新算法的庞大应用基础。联通沃音乐自 2018

年正式公司化独立运营起,就不断为 5G 技术的可持续、高质量发展积累核心技术引擎、搭建海纳数字化系统、围绕 5G 解决方案构建对应的服务平台,这才有了多元化的 5G 时代营销产品及服务。

经过不断科研创新,联通沃音乐实行"市场化、集群化、专业化"的三化战略,长期坚持自主集成、自主研发,通过整合行业头部资源和领先能力,实现全平台自研,形成 ABCDE 产品树,也就是一套完整的"云 + 网 + 平台 +X"的核心能力体系。

第一层整个 5G 技术的基础是 AI-BI-CI 三项核心技术引擎,包括音视频智能引擎、数据智能引擎、5G 新通信引擎,三个引擎成为支撑所有 5G 技术服务的技术地基。

第二层在大数据的统筹、管理与应用上打造海纳数字化系统(uniBase),这是一个集合数据库、数据治理、数据应用、智能运维的一体化平台,对运营商、新文创、政企等行业提供定制化数据智能解决方案,可轻松帮助新文创企业实现数字化、国产化转型,释放数据价值,更好地提升业务发展水平。

目前,uniBase 海纳数据智能平台已取得相关计算机软件著作权和专利,并取得华为鲲鹏芯片认证和麒麟操作系统认证,成为具备自主产品的国产化数智平台。

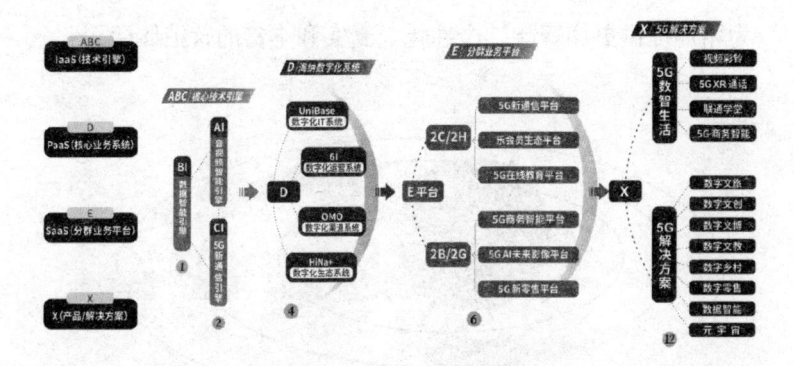

正因为有了底层技术引擎的前置部署、数字化系统海纳的专利研发，才给 5G 技术的营销应用提供了诞生及全面推广应用的基础。在这个基础上，不断建立起 To Home、To Customer、To Business、To Government 的应用平台，形成一系列的应用场景处理后台。最后才是落地到每一个用户面前的 5G 解决方案。

第二节　5G 时空营销理论及模型

一、5G 时空营销理论

5G 时空营销作为一种全新的数字营销模式，将从传统的单向传播模式转变为全时空、全方位、全过程的营销模式，为用户提供更加智能、个性化、真实和丰富的营销体验。

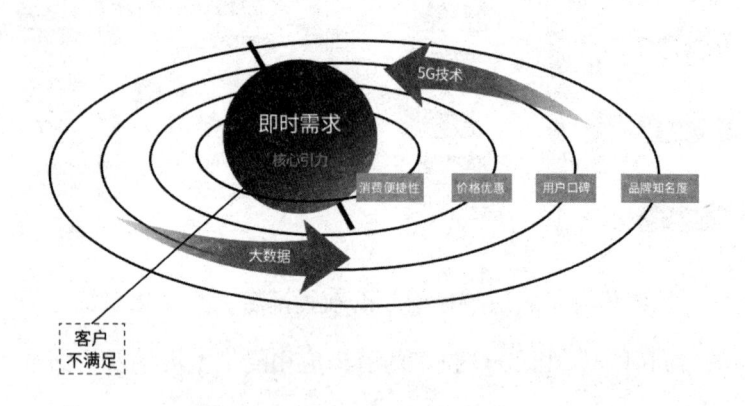

[图：以"即时需求"为核心引力的自引力模型，围绕消费便捷性、价格优惠、用户口碑、品牌知名度，受5G技术和大数据驱动，客户不满足]

（一）刚性需求与即时需求

传统营销无法感知用户的即时需求，只能抓住大众的主流刚性需求，因为没有能实时更换的媒介投放工具，因此广告的更迭周期长、精准程度低。5G营销可以从用户的即时需求出发，满足用户；不再通过模糊化的刚性需求去找，投放将更精准，更具有时效性，更具实时性。

5G时代下用户的"时间""空间地点""用户关系"能够通过大数据的抓取实时获取；媒介投放端，依托于5G传输速度、优秀的推荐算法，能够根据实时数据为用户推送更精准的"定制化"广告内容。因此，5G营销将是一套"自引力模型"，是用户的个人数据沉淀，吸引着广告内容来满足他的即时性需求。

（二）需求碰撞与需求牵引

传统营销注重的是广告与消费者之间的碰撞，只有当广告与消费者的需求发生碰撞时才会形成转化。而 5G 时空营销则是基于需求牵引的营销模式，能够实时、精准地为用户推荐个性化内容。

5G 时空营销是一种"自引力模型"，客户的"即时需求"是一切营销行为的引力核心。5G 营销能够根据客户的即时需求，生成一个营销旋涡，通过需求引力，大数据和 5G 智能技术产生驱动力，推动着旋涡从品牌知名度、用户口碑、价格优惠、当下传播便捷性等不同的决策层级旋转，由松到紧层层筛选出关键的触点，然后向目标客户释放出产品信息，以完成树立品牌形象和提升销售的最终目的。

（三）自引力模型研究

自引力模型是 5G 时空营销理论的核心之一，它涉及广告投放的时机、内容和方式等多个方面。自引力模型是基于 5G 技术、大数据和智能算法等先进技术的应用下，构建起来的一套营销理论。

自引力模型可以理解为广告和用户之间的一种引力关系。在传统的营销中，广告往往只能通过某些媒介触点和广告投放时机去和用户进行碰撞，难以真正做到个性化营销。但是，借助于5G技术、大数据和智能算法等先进技术，自引力模型能够实时从用户的基础信息和时间、空间、关系等用户画像信息与即时性信息出发，借助5G营销工具对用户进行实时、精准的定制化内容触达，从而实现广告与用户之间的"自引力"。

自引力模型中，客户的即时需求是一切营销行为的引力核心。从外圈到内圈，分别是"品牌知名度/品牌力""用户口碑""价格优惠""消费便捷性"依次作为满足客户即时性需求的消费决策层级。品牌方可以通过由外到内的形式，构建起品牌/产品对消费者的立体形象，最终影响消费者决策，使用户的即时需求得到满足。

在5G时空营销中，大数据和智能算法等技术可以根据用户的画像信息和即时性信息，为用户推荐更加精准、个性化的广告内容。同时，5G传输速度的优势也能够实现实时传输，让广告内容更及时地触达用户，满足用户的即时需求。

自引力模型不仅可以提高广告的转化率，还可以增强用户的品牌忠诚度。通过个性化营销，用户可以更加直观地感受到品牌的关注和关怀，从而提高用户对品牌的信任度和忠诚度。

总之，自引力模型是5G时空营销理论的核心内容之一，它可以实现广告与用户之间的自然引力，从而实现更加精准、个性化的广告投放，提高广告转化率和用户的品牌忠诚度。

本节深入探讨了5G时空营销的理论和应用，并重点关注了需求碰撞、需求牵引和自引力模型的研究。在5G时代，营销者需要深入了解目标受众的需求和行为，通过多元化的营销方式和畅通的线上营销渠道，实现更好的营销效果。在需求碰撞和需求牵引的作用下，营销者需要通过不断优化和调整营销策略，实现更好的目标受众转化和销售效果。同时，自引力模型的研究也为营销者提供了更好的营销方案和策略。在5G时代，营销者需要通过自引力模型来了解用户的需求和行为，从而实现更好的目标受众转化和销售效果。

在线上营销方面，5G技术为营销者提供了更加畅通和多元的渠道。随着5G技术的普及，网络通信的速度和带宽将会更快，网页加载速度的提升将会让用户更容易接受线上广告，视频营销的地位也将会得到加强。同时，5G技术也为社交媒体营销推广自己的产品或服务提供了更多的机会和可能性。5G 技术可以帮助营销者更好地利用视频彩铃、短信公众号、实时广告牌等线上营销方式，从而实现更好的营销效果。

因此，我们也是将研究的重点主要放在了 5G 视频彩铃的投放及全链路业务的打通上，让 5G 视频彩铃为代表的 5G 新营销业务能够更好地向企业品牌方 / 营销人员提供服务。

二、5G 时空营销应用模型及投放标准

基于联通沃音乐的 5G 商务智能板块的产品与打通的海纳数字化系统的运用，课题组开展了多次的 5G 视频彩铃及其他 5G 产品的联合投放测试，在整个课题研究期间针对联通沃音乐的会员用户进行闭环式测试，并且预规划了 7000 万＋的媒体流量用于 5G 时空营销课题的测试与模型的进一步研究。

在近 1 年的课题组调研中，课题组充分了解了过往 5G 视频彩铃的投放案例及投放的数据，在 2022 年 2 月开展了专项的 CPS（按销售付费）试点投放，在元宵节至冬奥会开幕期间的一周时间里，建立日投放及周投放对比模型，一周时间实现近 2000 万的流量投放实验，并且针对不同的类目行

业均进行了对照实验，同其他的投放渠道进行了更进一步的对比。综合得到5G时空营销中的核心拳头产品——5G视频彩铃的应用范畴及一些核心的投放后检测标准，还有在投放时最为有效的一些标签组合，及5G工具的组合性策略使用，还有5G视频彩铃的常用框架解构。

当前所有的测试与实验，都充分考虑了投放的客户满意度及投放内容的加强审核，确保本次实践的部分经验总结能够更好地在实际的投放中落地。

（一）5G视频彩铃的核心维度

一次效果优秀的5G视频彩铃投放需要涵盖很多不同的维度来进行前置规划，正所谓"兵马未动，粮草先行"，做营销投放也一样，一定是在投放前就对5G营销产品的投放熟悉，并进行具有预见性的充分规划才能够投放出最好的效果。

经过不断地尝试对照以及过往案例进行分析，5G视频彩铃的核心维度包括视频类型及内容、视频时长及节奏、投放标签、投放策略（含复投频次、投放周期等）、投放组合。接下来将凝练地阐述所有的核心维度的经验。

视频类型及内容：指视频是风景景区、科普科教、生活剧场、产品展示,又或者是促销优惠等等,不同的内容类型最终导致的视频平均观看时长是不同的,对最终的互动转化也有直接的影响。

视频时长及节奏:指视频的整体时长,和对整个时长的内容节奏规划,分怎样的一个节奏进行创作。

投放标签:在投放时从那些标签维度进行精准的 5G 时空营销,哪些更能帮助我们找到需要的目标用户。

投放策略(含复投频次、投放周期等):从整个投放计划考虑,而非单次的投放,应该如何不断的细化人群投放的漏斗,采用多长的周期进行投放,是否对细化人群进行复投,复投的频次如何。

投放组合:如何多种 5G 工具进行组合应用,开展营销工作。

(二)5G 视频彩铃投放指标市场平均值

5G 视频彩铃的核心是将拨打电话等待时的粉尘化的 5~30 秒的时间进行精耕细作,在最近的小屏窗口,开辟了一个品牌方向大众用户近距离营销传播的最佳渠道。5G 视频彩铃作为区别于传统其他广告渠道的新营销形式,因此,其投放的指标参考也应该根据其自身的特点更为合适。

5G 视频彩铃具有强曝光属性，随着拨号看屏幕的时候，用户的注意力就能被 5G 视频彩铃吸引，高效直接强曝光。

5G 视频彩铃是具有间接闭环属性，间接实现全闭环的营销渠道。用户能够通过指定的互动形式，进行一定程度的跳转。

5G 视频彩铃具有可中断属性，会随着电话的接通就随之结束了，并不是传统广告那样只要用户不看也会一直播放。

5G 视频彩铃具有时间规律性，其流量的波动取决于电话的频繁程度，会随着电话的拨打频次波动而波动。

鉴于以上的四个特性，因此 5G 视频彩铃投放的统计最小时间单位是以"天"为统计的最小时间周期，并且会重点关注四点：①总曝光量与视频彩铃 5 秒以上的观看人次（以下简称有效观看人次）；②总触达用户数与人均投放次数；③视频彩铃客户取消观看比重；④短信下发占比。以下是这四个指标的一些市场参考：

视频彩铃 5 秒以上的观看人次占总曝光量的 80%；

人均投放次数即是总曝光量里除以总触达用户数的商，不超过 1.8 次；

视频彩铃客户取消观看占比不超过 1%；

信息下发占比在 5‰~6%。

(三) 5G 视频彩铃标签模型及工具组合

由于海纳数据平台的打通,这给投放带来了更进一步进行策略规划的基础,首先投放的整体思路和大多数的数智化媒介投放平台一样,依旧建议遵从标签初步建模投放,分析转化人群画像,标签精准建模投放,再到人群包拓展投放的思路。并且假如是更加长期性的投放规划,可以同时开启多个投放计划,多个初步建模进行 A/B 测试。

其次在标签初步建模投放时,目前有三种高效的初步建模投放组合:①根据目标品牌的人群基础用户画像初筛建模:年龄、性别、城市分布;②根据品牌消费力初筛建模:居住范围、航班次数、消费登记;③用户兴趣习惯初筛建模:兴趣 App 的月活标签。

从投放的周期来看,以日或者周为投放的单位都是可以的,但是采取的投放策略各不相同,以日作为投放单位的往往可以是作为复投的方案,并且强调以更加短平快的内容,在开头就唤醒用户,讲究短时间短瞬间大流量。

以周为投放单位可以作为日常投放方案,在投放的规划上,可以将"初投放+第一次复投"同时结合进整个投放周期里,能够让消费者更好地形成品牌记忆及品牌联想,进一步促进品牌的心智种草。

一般 5G 视频彩铃的复投投放设计 2~3 次即可，因此视频彩铃的投放本身每次投放时就自带有"人均投放次数"有反复触达的可能。

在投放的组合上，目前建议"5G 视频彩铃 +5G 短消息"的方式能够更立体地向用户进行心智植入。其主要原因包括：5G 视频彩铃自身的交互方式是按键交互具有一定的用户教育成本，另外链接的下发最终落地形式就是短信。因此，在 5G 视频彩铃投放时，下发短消息能够突破 5G 视频彩铃原有渠道时间的次元壁，在电话结束后也能多一层传播。此外，5G 短消息复投也能更加低成本，更高效地唤醒用户。两者的结合，能够在相同成本的情况下，多唤醒 1~2 次大众用户。

（四）5G 视频彩铃抢占黄金时刻的内容架构拆解

5G 视频彩铃的内容需要综合多个方面进行考虑才能形成一个符合用户需求，且能够刺激消费者关注记忆的优质传播内容。其中包括视频内容的违规性与广告植入内容的篇幅、传播内容的类型、传播内容制作的整体时间与节奏等，下面我们将一一分析。

5G 视频彩铃内容的制作最先要面对的就是用户的偏好与厌恶底线要把握，在非常短的传播时间窗口中，不适宜大片地全部植入广告内容，这容易在一个创新的且原来未有过的蓝海时段中形成消费者的厌恶甚至投诉。因此，内容植入不能过于生硬、不能大篇幅的全是植入内容，又或是过分的卖点描述等。

目前视频的投放类型有很多，包括视频是风景景区、科普科教、生活剧场、产品展示，又或者是促销优惠等，不同的内容类型最终导致的视频平均观看时长是不同的，对最终的互动转化也有直接的影响。根据现有的案例进行对照，目前客户取消率低并且平均观看时长更长的内容类型包括风景景区、生活剧场、产品开箱/体验、新闻视频、三四视频内容。

因此除了景区景点外，其他品牌类的内容应该充分利用好 15~25 秒在最短的时间内把所有的内容都融合进去，其中两段式的结构是目前最"吃香"的视频彩铃传播形式"热点+品牌传播"，开头大概 5~7 秒给出时下热点，例如：节日节点、新闻热点、明星内容等等（例如：刘畊宏锻炼也累了、元宵节不争元宵咸甜……）然后话题关联到品牌内容本身，强调核心传播利益点或关键卖点，大概 2~3 个。

综上所述，在 5G 视频彩铃的投放过程中，需要考虑视频类型及内容、视频时长及节奏、投放标签、投放策略以及投放组合等多个方面，才能够实现最佳效果。此外，5G 视频彩铃投放应根据其自身的属性提出符合其自身的投放指标，并且根据指标的实际情况进行优化调整。"5G视频彩铃+5G短消息"的组合方式能够更好地对用户进行心智植入，"热点+品牌传播"的短平快极短视频内容更适合作为5G视频彩铃抓大众用户关注的视频结构。

第三节　5G时空营销基于联通沃音乐的全域应用图谱

为了充分发挥5G技术的优势进而取得更好的营销效果，联通沃音乐在技术基石的基础上，构建出了一整套打通公域传播到私域运营的5G全域应用产品生态。

整个5G技术的全域应用产品非常的庞大，其中可以归结为三大类主要的5G应用解决方案，包括5G新文创专业解决方案、5G商务智能解决方案和5G元宇宙综合解决方案。

一、5G新文创专业解决方案

2021年联通在线沃音乐发布5G新文创平台，打造一体化新文创能力引擎,集成文化产业、创意产业、媒体产业、文旅产业、城市解决方案,为新时代文创产业发展提供持续动力。作为5G新文创产业发展引领者,联通在线沃音乐一直以来专注于自身技术能力建设,不断推动4K/8K、XR、AI等前沿技术在文创产业的创新应用,构建超高清、3D创作、AI影像、融媒体以及大数据五大核心能力引擎,赋能新文创产业生态创新发展。

在视觉内容方面,联通在线沃音乐以5G·AI未来影像创作中心为载体,集合超高清、3D创作以及AI影像三大能力引擎,汇聚4K/8K、高清转码、云导播、3D影像采集、AR视频合成、AI视频剪辑、虚拟演播厅等技术,最终成就4K/8K超高清视频制作、虚拟IP创作孵化、XR内容制作、AI内容制作、无限清晰音乐创作五大核心内容制作能力。

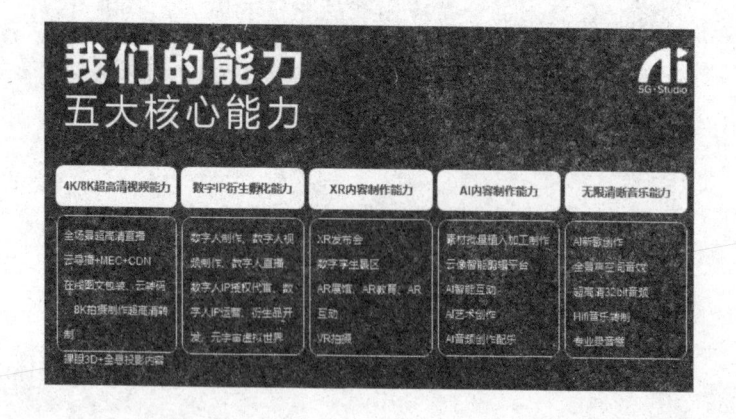

基于 5G 新文创的核心内容能力，联通沃音乐已经 toG、toB 率先提出了七大解决方案，包括数字城市、数字乡村、数字景区、数字展馆、数字党建、数字金融、数字零售。

数字城市，通过数智科技赋能，构建现代城市数字底座。以"数字营城"的理念，搭建城市大脑数字平台及未来社区体系，为城市治理保驾护航；以"一座城＋N个IP"的理念，为城市创造数字 IP 资产，实现 IP 资源开发的多元化与可持续发展。

数字城市的构建包括城市大脑、城市超级 IP、AI 城市影像、未来社区四个主要部分，其中城市大脑是以城市大脑数字平台实现，能够进行实时态势的监控、实现现实世界的可视化运转、开展场景化业务展示等；城市超级 IP 的搭建依赖于专业的全流程城市 IP 形象解决方案，专注于原创动漫形象设计、人格化专业运营、IP 衍生开发运营等；AI 城市影像进行城市视觉印象的高清记录，包括超高清城市宣传片、城市文化数字留存、VR 城市线上旅游；未来社区重点搭建数字社区管理平台、社区智慧党建系统、家庭生活智能助理三大核心板块。

数字乡村，通过数智科技赋能，探索数字乡村发展之路。运用 AI、5G、云计算、大数据等现代信息技术，结合乡村实际发展及特色，实现数字化保护及宣传农村文化、乡村美景，数字化改善农民生活，打造美丽乡村、幸福乡村。

数字乡村一样拥有 IP 搭建、对外宣传、乡村智能化的三个方面的数智化需求，在 IP 搭建上建立乡村 IP，建设乡村代言 IP、充分发挥乡村文旅资源 IP、开展线上线下多渠道宣传推广乡村特产、特色等；在对外的形象传播上构建美丽乡村印象，搭建起乡村记忆、乡村名片以及数字孪生：跨领域数字化综合管理；在乡村的智能化上构建幸福乡村，实现未来生活馆客厅娱乐／全屋智能／教育健康／时尚生活，充分运用乐会员平台、智慧党建系统、搭建乡村未来生活馆等。

数字景区，通过提速景区景点数字化进程，创造多元营销价值。运用 AI、VR、AR、大数据等现代信息技术，结合景区历史文化特色，推进景区数字化进程，提升景区形象；有效突破单一的"门票经济"，实现景区多项经营增收。

数字景区以景点通、虚拟 IP、数字展馆形成数智化的核心三大解决方案。景点通，让景区资讯、攻略、预订、复购、周边全链路打通，通过小程序整合了景区服务、景区电商及票务销售；虚拟 IP，是以景区文化为核心打造景区动漫 IP，从而输出景区专属的 IP 专题视频彩铃及衍生品开发，提升景区的知名度及传播度；数字展馆，让每个景点都能形成网络的孪生景点，给线上线下的消费者带来沉浸式的逛园体验，充分利用先进的史料影片 AI 修复技术、AR/VR/3D 内容制作技术，最终形成 XR 数字博物馆。

数字展馆，通过融合双线探索数字化收入和可持续运营新路径。利用云计算、大数据、移动互联网、XR 等新一代信息技术，依托三千兆高速率，打造数字展示平台、数字服务平台等，实现"线上+线下"互动展示，提高效能，形成信息化、智能化管理与服务的新形态数字展馆。

数字展馆造就了三千兆智慧展会以及 XR 数字展示平台，能够通过无人机直播、VR/AR/3D 内容制作技术支撑的云上展会，让线上展会跃然于世。此外，还有数字服务平台加持，做到智慧会议、智慧客服、智慧现场数字导览/智能识别鉴别/自助签到等，配套做好智慧现场服务及管理。

数字党建，通过数字赋能党建，开创党建工作新格局。紧扣基层党组织党建工作的时代特点和党员思想行为特征，积极探索信息化条件下开展党建工作的新载体、新路径，建设运行了数字党建平台，有效破解了党建工作中的难点痛点，党建工作质量得到显著提升。

数字党建为党建工作插上云端的翅膀，让党建不再受制于物理空间，开创 AR 智慧沙盘、XR 党建工作站、配套的 VR 特色装备等，实现 VR 思政教室以及数字党建展厅。同时，专研设计的 VR 党建学习机，也通过新技术新手段，成为实时党建的好工具。

数字金融，通过 5G+AI 催生金融新的质变，再塑金融新业态。"5G+AI+大数据"为金融行业客户提供面向业务的、可运营的、场景化的一体化运营管理解决方案，实现"传统物理网点转型升级为智慧网点，银行客户经理向虚拟机客户经理转变，金融服务提升成为无顿感体验。

数字金融是从前端到后端的综合性解决方案，在前端通过金融品牌形象塑造、会员管理系统搭建、虚拟客服的引入，提升金融产品的整体形象，在后端，建立智慧网点，包括投产指挥系统、IT 监控系统等对所有网点数据实时大屏可视化体现。

数字零售，通过智慧新零售解决方案，重新定义零售新场景。以创造品牌增量业绩为核心，提供大数据精准营销、零售 SaaS（软件即服务）平台、整合方案，赋能门店实现精细管理、线上拓客与私域运营。

数字零售打通零售企业的销售端，将所有的库存数据、销售数据打通，更加高效地对仓储、客户进行管理。包括新零售的 SaaS 系统定制、新零售供应链的组建以及更高效的新零售私域运营。

二、5G 商务智能解决方案

5G 商务智能平台为企业提供 5G 时代的品牌增强和全场景商务解决方案。视频彩铃、商务名片、商务舆情系列产品为企业提供品牌传播的宣传窗口和舆情监测服务，助力企业品牌价值提升；商务智投、商务智选系列产品为企业提供大数据精准营销服务，实现企业营销效果增强；商务会议系列产品为企业提供高质量的互联网/专网音视频会议、直播、录播、点播等平台服务。商务智能平台通过一站式的"品牌、数据、营销、办公"综合服务，助力产业实现品销合一的商务发展。

"5G 商务智能运营专家解决方案"主推商务名片、商务会员、商务智投、商务畅连、商务洞察、商务通六大核心标准化产品。通过聚焦 5G 智慧商业场景，联通沃音乐能够充分整合 5G+AI+大数据+新零售等平台资源能力，为政企提供一站式的"品牌、营销、服务"商企综合服务解决方案。

AI+5G 时空营销

其中，商务名片包括政企彩铃和热线彩铃。政企彩铃是5G时代品牌传播利器，是企业新型宣传广告窗口。政企彩铃是基于Volte技术，给被叫政企用户设置，主叫用户拨打观看的音视频融合彩铃服务，政企彩铃在传统音频彩铃基础上进行升级，以"声音+视频+短信"的方式助力政企宣传推广，能赋能政企文化宣传、企业活动宣传、企业客服辅助、政企品牌宣传。热线名片也就是俗称的"5G视频彩铃业务"，能够把握每一次用户呼出的碎片化时间成为品牌宣传触达的黄金时间。能够实现音视频彩铃播放、无缝衔接业务流程等。基于联通沃音乐5G·AI未来影像创作中心的五大核心能力，能够为企业主提供从IP形象设计、短视频制作到商务名片精准投放的一站式服务。

商务会员，将市场上的海量权益进行融合，打通"线上+线下"体系化权益资源，形成强强联合的会员定制方案。目前联通沃音乐已经围绕客户的多样化生活需求，融合了"泛娱乐""学习""听""本地生活""出游""出行"六大场景的App大牌权益。能够更好地面向企业提供各类丰富的权益商品供货、权益组合定制和商城开放定制+运营服务，助力企业员工福利分发和企业商城等会员运营。其中联通沃音乐推出的犇犇生活会员，成为全方位一站式热门权益服务的案例典范。犇犇生活会员,是"吃、喝、玩、乐、行、学、购"一站式会员制服务平台,依托大数据分析用户偏好,为会员提供娱乐、教育、车主、出行、餐饮、购物等细分场景的最牛折扣服务,无缝连接线上线下消费,为会员开启美好生活的想象空间。

　　商务智投,充分发挥海纳数据化平台的大数据及分析能力优势,为企业提供一站式营销解决方案赋能大网高效获客。海纳智投平台能够一站式为企业解决营销难题,首先确立业务诉求(包括拉新需求、激活需求等),其次通过精准的标签建模锁定目标用户,通过海量的触媒资源进行精准投放,最后能够集约化生产运营,做到按需生产。而这一切都是建立在海纳系统的四大能力上的,包括:①数据建模能力,能够根据企业的需求和适配的目标用户,进行精准的标签建模,这里涵盖了10亿+的数据,3000+的标签分类,覆盖了25个行业以及500+App用户行为的分析;②生产运营能力,能够根据企业的需求及目标受众的兴趣点进行内容的高效产出;③触媒资源能力,整合了100亿+媒体联盟流量池,将投放的触点覆盖到大众用户日常接触的几乎所有主流媒体渠道,线上整合主流媒体、直播达人以及App联盟,线下整合分众投放,实现营销的立体化投放;④数字支撑能力，能够针对最终的生产端，进行数字化运营支撑，确定订单归属，进行智能调度。

商务畅连，主要指一键免密登录服务，这是联通沃音乐面向移动互联网应用提供的手机用户身份登录/认证服务。基于运营商特有的数据网络、短信网关能力，一键获取应用内手机号码进行本机号码效验、二次号认证的互联网认证解决方案。可同时服务三网用户。

商务洞察，洞察网络舆论环境，为政企公共形象与口碑保驾护航。商务洞察覆盖"分析+预警+报告"三项服务，为企业和政府部门提供一站式"舆情分析、舆情预警、舆情报告"服务，帮助企业和政府部门洞察网络舆论环境，为良好的公共形象与口碑保驾护航，全面监测企业舆情、秒级预警负面信息、快速处置突发舆情、及时生成舆情报告。目前平台涵盖482万全网站点收录、600+主流App收录、1.5亿次微博账号全网覆盖、1400万微信公众号全量覆盖等。

商务通，音视频彩铃转售平台，赋能虚拟运营商行业。随着智能手机和5G网络的普及，视频成为未来发展的主流，同时为许多行业带来颠覆性变化。联通沃音乐通过全面升级虚商转售企业增值业务能力，赋能音视频彩铃等重点产品，实现转售业务质效提升。

三、5G 元宇宙综合解决方案

2022 年联通沃音乐正式发布联通元宇宙平台，依托平台推出全真 3D、数字分身、XR 互动、数字空间、数字 IP 等五大类全场景产品体系，形成一站式元宇宙视觉科技综合解决方案。以技术为支撑，搭建起强大的元宇宙内容产出能力，能够形成元宇宙时代的核心内容。另外基于强大的内容产出能力，在营销端一个更加强大的直播工具应运而生，那就是联通 AI 智播平台。

在元宇宙内容产出能力上，主要包括：①全真 3D 创作，其中包括 4K/8K 超高清内容产出，输出覆盖直播、航拍、微电影等多类型的 4K/8K 超高清视频，以出色的画面细节、前沿的创意技术，打造全新超高清视听体验；裸眼 3D 内容，打破二维的局限，打造裸眼 3D 视频，使用户可以在特定角度感受逼真震撼的立体视觉效果，助力企业品牌曝光及业务提升。② XR 互动应用，以 VR、AR、MR 三者视觉交互技术融合，实现虚拟世界与现实世界之间无缝转换的"沉浸感"体验，落地应用包括但不限于 VR 虚拟展馆/实景展馆、AR 展馆/展厅/博物馆/发布会、XR 虚拟发布会/文艺会演等。③数字分身，是自有的云创数字人创作系统，可提供多样化数字人形象及内容展示,并可为数字人线下运营提供定制化服务,涵盖虚拟数字人、数智孪生人,真正做到虚拟和显示的结合。其中数智人是通过5G和AI技术,融合语音、图像及自然语音处理等多种AI智能技术及小冰深度神经网络渲染技术(XNR)的先进成果。其应用十分广泛,包括但不限于新闻播报、智能客服、商场导览员、虚拟人主播、党校讲师等。④数字空间,指小到原子,大到整个城市皆可数字孪生,从而实现虚拟交互。

联通AI智播平台的上线发布,标志着联通沃音乐元宇宙智播服务正式向企业用户开放,这将聚焦多元化5G智慧商业场景,整合内外优质产业资源,提供全链路的直播解决方案。元宇宙智播团队整合了六大团队能力,包括元宇宙技术(数字人技术研发、虚拟形象背景定制)、内容创作(素材内容创意制作)、直播运营、信息流投放、业务培训(短视频培训、直播培训)、异业生态(会员权益商城与品牌源头工厂)。

联通AI智播平台在终端呈现出来的是数以万计个虚拟人直播间,在后端覆盖了五大技术引擎、九大平台的支撑,以及联通在资源与商机、流量曝光、直播服务、大数据、海纳影像五大应用能力的赋能,最终形成了直播的完整闭环。

元宇宙智播服务提供给品牌完整的直播闭环链路服务，在六个主要的直播到转化环节提供服务，包括内容策划制作、直播代运营、数字 IP 孵化、多元触点引流、私域流量运营、数字门店打造。

内容策划制作：从账号定位到全流程辐射账号搭建，一站式为客户提供多元化内容创意制作服务。

直播代运营：直播培训、直播搭建、内容运营、达人生态、实现多维度、全方位的直播运营能力整合。

元宇宙智播：联通在线广州公司元宇宙智能直播服务架构，基于原有全栈 AI 能力，为客户提供全场景灵活可落地的 AI 数字人直播及视频生产服务、XR 虚拟场景服务。并在这两项技术的基础上，深度融合推出了数字人 +XR 虚拟场景直播服务，为企业提供"元宇宙直播创意设计 + 数字人直播 +XR 虚拟场景直播 + 虚实结合互动"一站式全栈技术方案。其中包括：①入门应用—AI 数字人直播。通过数字人渲染技术、强大的 AI 全栈能力、算力为虚拟主播赋能，在电商代班场景下实现了 7×24 小时虚拟主播不间断带货直播的能力，刻画吸睛直播场景，打造特色内容竞争优势，产生了真人主播无法达成的价值和效果。②进阶应用—AI 数字人 XR 场景直播。结合 XR3D 虚拟场景实时渲染技术，实现实时虚拟直播效果,带来了丰富多彩沉浸式的直播体验;通过"数字人直播服务+专属形象IP",对虚拟形象的实时驱动,实现XR场景、虚拟人物、主播的三方实时交互,达到虚实巧妙结合的直播效果。③专业应用——动捕数字人XR场景直播。依托自研能力及虚拟技术的长期积累,实现了真人与虚拟场景无缝融合实时渲染的XR直播能力,并逐步向系统化、专业化发展,具备了为企业提供"虚拟直播创意设计+虚拟场景定制+软件系统教学+运营指导带教培训"的一站式全栈服务方案。

配套服务包括直播代运营服务,直播培训指导服务,线下陪跑服务。通过前策搭建、系统运营、引流曝光、私域沉淀直播运营四部曲,全方位开启元宇宙直播电商全域营销;围绕元宇宙智播服务数据中台全方位智能监控分析,多方位获取自然流量资源,结合自有双亿级流量渠道、商业投放与策略,构建一站式直播策划运营+短视频营销成熟运营方案,助力企业实现长效经营价值回报。围绕"直播起号、场景搭建、运营策略、玩法定制、复盘、短视频运营、小店玩法等"提供全方位精细化线上直播运营教学;覆盖电商运营全链路,助力企业直播团队从0基础到精通打造金牌直播间,实现品牌营销强赋能。

多元触点引流：五流合一多元化触点营销，实现品效互促，辅助流量从公域到私域的高效转化。

私域流量运营：独立私域运营团队，打造数字化私域平台，搭建公私域流量池桥梁，承接流量裂变和转化。目前沉淀下来的有完整的私域化社群运营SOP、私域运营转化模型。

数字门店打造能力：赋能线下门店直播搭建"人—货—场"线下触点网络，建设商盟营销新渠道。

总而言之，联通沃音乐于2022年正式发布的联通元宇宙平台，为企业用户提供全场景的5G元宇宙视觉科技综合解决方案。平台集成了五大类产品体系，包括全真3D、数字分身、XR互动、数字空间、数字IP，为用户打造全新超高清视听体验，并推出强大的直播工具联通AI智播平台。联通AI智播平台覆盖了五大技术引擎、九大平台的支撑，以及联通在资源与商机、流量曝光、直播服务、大数据、海纳影像五大应用能力的赋能，最终形成了直播的完整闭环。元宇宙智播服务提供完整的直播闭环链路服务，在六个主要的直播到转化环节提供服务，包括内容策划制作、直播代运营、数字IP孵化、多元触点引流、私域流量运营、数字门店打造等。同时，联通AI智播平台还提供了配套的服务，包括直播代运营服务、直播培训指导服务、线下陪跑服务等。全方位开启元宇宙直播电商全域营销,助力企业实现长效经营价值回报。联通沃音乐将 5G 技术应用到了直播领域,也标志了 5G 技术打通营销获客到营销转化的全链路环节。

第四节　AI 驱动的智能推荐与用户画像优化

在 5G 时空营销的新时代,AI 的赋能让智能推荐和用户画像成为实现精准营销的核心工具。相比于传统的基于规则或静态数据的推荐系统,AI 不仅具备动态学习能力,还可以基于实时变化的数据与环境,快速调整推荐策略。与此同时,用户画像从单一维度的静态记录,进化为多维度、动态化的智能模型。5G 技术的高带宽、低时延特性,为 AI 驱动的智能推荐与用户画像优化提供了坚实的基础,使得更精准、更个性化的营销触达成为可能。

一、智能推荐:从规则驱动到 AI 优化

推荐系统作为用户和内容、商品连接的桥梁,一直是互

联网营销的重要组成部分。在过去的几年中，推荐技术依赖于预设规则和基于标签的静态数据，这种方式的缺陷在于难以捕捉用户偏好变化的动态性。而 5G 的到来为 AI 推荐算法带来了全新的想象空间。借助 5G 提供的实时网络环境和高速传输能力，AI 推荐系统能够在毫秒级的时间内捕获用户行为数据，并快速调整推荐策略，实现"所见即所需"的精准匹配。

以京东的智能推荐系统为例，AI 推荐引擎通过分析用户的浏览历史、购买记录、社交分享行为以及地理位置等多维数据，在 5G 网络环境下实时生成个性化的商品推荐。当用户进入京东应用时，推荐系统不仅能识别其当前兴趣，还能结合时间、天气、节日等外部变量，为用户提供更符合当前情境的推荐内容。例如，一位用户在周末的早晨进入京东时，系统可能推荐适合早餐使用的小家电；而在晚上购物时，则推荐一些即将过期的优惠商品。这种实时化、场景化的推荐逻辑，大幅提升了用户的购买体验和平台的交易转化率。

二、动态用户画像：从静态记录到多维度洞察

用户画像是 5G 时空营销的关键基础。在传统模式下，

用户画像通常以历史数据为主,主要依赖于用户的注册信息、购买记录和简化的标签分类。然而,这种画像方式存在明显的局限性:其一是画像的滞后性,无法反映用户行为的实时变化;其二是数据维度的单一,难以捕捉用户的深层需求。AI 的引入为用户画像的构建注入了更多可能性。通过深度学习算法,AI 能够从用户的行为轨迹、情感倾向和环境变量中提取丰富的特征,使得画像更加全面和动态。

5G 技术的高效数据采集和传输能力,让用户画像的实时更新成为现实。在线下场景中,物联网设备如智能摄像头和传感器,能够捕捉用户的行为特征,例如在商场中停留的时间、浏览的商品种类以及购买频率。这些数据与线上消费记录相结合,通过 AI 算法处理后,形成了全息化的用户画像。例如,一位用户在某连锁超市的线下门店购买了一瓶矿泉水,系统可以通过 AI 识别他的购买习惯,与其在电商平台的消费记录进行比对后,推测他可能对某品牌的饮料有兴趣,并在其下一次登录平台时推送相关优惠券。

在内容消费领域,中国联通的"沃音乐"平台则通过 AI 与 5G 的结合,实现了对用户画像的深度优化。系统通过分析用户的听歌历史、情绪变化和交互行为,为其定制个性化的音乐推荐服务。例如,AI 可以通过分析用户的听歌频率和跳过的曲目类型，识别出用户偏爱的音乐风格，并结合其地理位置推荐本地演唱会或音乐节的信息。这种全方位的用户画像优化，不仅提升了用户的内容体验，还为联通平台带来了更高的内容消费量。

三、场景化应用：从理论走向实践

智能推荐与用户画像优化的核心价值在于其场景化应用。无论是电商、文旅、视频平台还是线下零售，AI 结合 5G 的推荐与画像系统都展现出强大的适应能力。在电商领域，智能推荐系统已经成为提升销售额和用户黏性的标配。以阿里巴巴的"双十一"活动为例，AI 驱动的推荐算法能够在海量商品中为用户筛选出最匹配的折扣信息，并通过 5G 网络实时推送限时优惠提醒。这种精准推荐不仅提高了用户的购物效率，也让平台在短时间内完成了超高流量的转化。

在文旅行业，AI 与 5G 的结合正在改变传统的游客服务模式。阿里云联合某地方政府开发了一款智能导览服务，游客在进入景区时，可以通过 5G 网络接收到由 AI 生成的个性化导览建议。这些建议基于游客的兴趣标签、旅行历史和当天的天气情况，提供了一种完全私人化的旅游体验。例如，对于热衷摄影的游客，系统可能推荐最适合拍摄日出的景点；而对于带孩子的家庭游客，则会优先推送景区内适合亲子互动的项目。这种智能化的导览服务不仅提升了游客的体验，也为景区带来了更多的口碑传播。

在视频平台中，AI 推荐系统也成为驱动内容消费的重要工具。抖音通过 AI 分析用户观看行为与情绪反应，结合 5G 的低时延特性，在用户每次滑动屏幕时实时调整内容推荐策略。例如，当系统检测到用户对某类舞蹈视频的观看时长明显增加时，会迅速推送更多相似内容。与此同时，用户的点赞、评论等交互行为也被实时记录，用于进一步完善画像。这种即时反馈与优化机制，使抖音的推荐精准度持续提升，用户的平均使用时长也随之增加。

四、未来展望：AI 与 5G 的协同发展

随着 AI 技术的持续突破与 5G 网络的普及，智能推荐与用户画像的应用场景将进一步扩展，并在更多行业中发挥深远影响。从品牌营销到个性化服务，再到公共管理领域，AI 与 5G 的协同正在逐步改变传统的服务模式，推动数据驱动决策从"人群化"迈向"个性化"。

在未来，AI 的深度学习能力将与 5G 的实时数据采集和传输能力形成更紧密的协作。例如，随着 AI 大模型的不断优化，推荐系统将更加擅长理解和预测用户潜在需求。结合 5G 实现的毫秒级响应速度，用户体验将达到前所未有的流畅程度。购物、娱乐、教育甚至医疗等领域，都有望通过这种智能协同实现更深层次的服务创新。在零售行业，未来的"无人商店"将通过 5G 传感设备实时采集顾客行为数据，结合 AI 驱动的用户画像，为每位顾客提供独一无二的购物体验。用户进入商店后，不再需要主动寻找商品，AI 推荐系统会直接通过 5G 屏幕推送商品导航、优惠信息，甚至结合实时库存推荐替代品。

不仅如此，AI 与 5G 的协同还将在智慧城市建设中扮演关键角色。通过 5G 网络的全覆盖，交通、能源管理、医疗和安全领域的实时监控与响应能力将显著增强。例如，未来的智慧交通系统将利用 AI 分析路况和交通流量数据，并通过 5G 网络向驾驶者推荐最优路径，同时动态调整信号灯以缓解拥堵。这种实时的、多维度的优化能力将极大地提升城市的运作效率和居民的生活质量。

此外，AI 与 5G 的结合还将在公共服务领域开辟新天地。例如，在突发事件管理中，AI 通过实时处理 5G 网络传输的现场数据，能够迅速生成应急方案，并向相关人员精准推送信息。这种协同能力不仅能有效减少响应时间，还能提升救援效率和资源调配的精准度。在环境保护领域，AI驱动的物联网传感器结合5G网络，可以实时监测空气质量、水质以及噪声污染等数据，并通过智能分析为政策制定者提供可靠依据，从而实现更可持续的城市发展。

随着技术的进一步成熟，AI与5G的协同将不仅仅停留在"优化现有系统"层面，还将催生全新的产业形态。例如，人工智能生成内容将结合5G的高效传播能力，推动文化创意产业的爆发式增长。无论是个性化广告内容、互动娱乐体验，还是以虚拟现实为核心的沉浸式场景，都将因AI与5G的强大结合而变得触手可及。这不仅为企业开辟了全新的商业模式，也为消费者创造了更加丰富的生活体验。

从长远来看，AI与5G的协同发展不仅是技术融合的范例，更是社会数字化转型的加速器。二者的结合将促使更多行业重新审视传统的业务模式，通过智能化转型实现更加精准、灵活和高效的服务。未来的市场竞争，将不再仅仅依赖产品的优劣，而是比拼技术与场景融合的深度。AI与5G无疑是驱动这一变革的核心动力。

可以预见，在未来的十年中，AI与5G的协同发展将渗透到日常生活的方方面面，成为人与世界连接的重要桥梁。从城市到乡村，从企业到家庭，这种智能化的科技体系将帮助我们应对更复杂的社会挑战，满足更个性化的需求，也将引领一个以智能化为核心特征的全新时代。

第三章

AI+5G 视频彩铃：
开创时空营销新模式

在时空营销新模式的应用上，5G视频彩铃可以说是最先发掘的一种营销手段。因为视频彩铃在任何时间节点、任何空间都可以进行传播，这最大化释放了人、物、财、信息等最重要的交换资源的潜力，从而可能最大化创造出由此而带来的各种价值。

有了5G技术后，视频彩铃所承载的信息传播将前所未有地实现信息传播的无时不在、无处不在，这种历时性和共时性并存的传播突破了传播时间和空间的限制，对用户进行实时、精准的定制化内容触达。

第一节 5G 时代的 5G 视频彩铃

一、什么是 5G 视频彩铃

随着抖音、快手等平台崛起，具有社交属性的短视频已成为网络传播主流。而 5G 视频彩铃业务，正是在这一风口之下诞生的一款兼具运营商优势和短视频基因的"新物种"。

那什么是 5G 视频彩铃呢？简单地说，5G 视频彩铃就是用户拨打语音电话或视频电话时，呼叫接通前会看到的一段视频内容。这意味着 5G 视频彩铃在 5G 时代焕发新生从"听"进化到"看"，开启了通话前等待场景的视频时代。

随着 5G 时代的到来，5G 视频彩铃也迎来了新生，也被认为是新风口。5G 视频彩铃利用 5G 高速率、低时延的特点，将彩铃从"畅听版"升级为"视听版"，当用户拨打语音或视频电话等待接通时，会看到对方预先设置的短视频，让视觉和听觉都能得到一个沉浸式的体验。

5G 视频彩铃开通方式非常简单，只需要提供手机号 +

视频即可，支持企业视频定制，播放视频也不消耗流量，操作简单、快捷、方便。彩铃业务用户可以购买运营商提供的视频内容，而播放这些视频则不消耗流量；或将旅游时看到的美景、享用的美食、生日聚会等精彩时刻拍成视频，制作成为自己的5G专属视频彩铃。

5G视频彩铃利用算法、主动与被动的双重能力，使其具有很强的媒体属性和传播能力；企业可为员工设置统一的5G视频彩铃内容，比如业务导航、客户关怀、企业宣传等，可以把员工变成一个对外服务和宣传的窗口。

举个例子，当房地产商为员工开通了5G视频彩铃功能，有需求的客户来电时，看到设置好的房产介绍，能节省大量的沟通成本，增加客户信任感，促进客户成交。

5G视频彩铃不仅只是从"听"到"看"的进化，而且是一款融合了视听体验、视频社交到内容生态的短视频新产品、新平台。在视听体验上，5G视频彩铃实现了全尺寸、全高清功能，还将实现"5G+4K"超高清，给用户带来更流畅、更沉浸的短视频新体验，满足了人们越来越高的视频体验需求。在视频社交方面，5G视频彩铃还实现了彩振合一、一键点赞、抢红包、随心所欲DIY、即玩即拍、AI审核与剪辑等有趣的互动玩法，可充分利用电话号码自带的强社交、高黏性特征，打造全新的短视频社交平台。

相比传统广告彩铃，5G 视频彩铃有以下六大优势。

1. 性价比高

相比其他广告宣传渠道，5G 视频彩铃的费用更低。同样效果下，费用仅为其他广告渠道的 10% 左右。

2. 用户更精准

企业、员工开通后，主动拨打电话都是身边的亲戚、朋友或自己所经营业务的从业者、客户，可以更精准地向客户群体展示自己的企业、品牌、产品等。

3. 100% 触达

电话接通前的必经环节，100% 触达，赢得更多转化可能。

4. 被动营销

5G 视频彩铃是被叫方设置，主叫方拨打电话时看到，降低观看广告用户的警惕性。

5. 边界触达

覆盖其他广告宣传媒介都无法完全触达的电话用户。

6. 受关注度更高

通话前黄金时间，用户极度专注，利用形成更深刻的品牌记忆。

在这个全民短视频时代，三大运营商紧扣时代风向，顺应市场推出了基于 VoLTE 网络的 5G 视频彩铃业务,这是运营商进入短视频领域的重要产品。

三大运营商 5G 视频彩铃开始商用的时间不一。2018 年中国移动最先上线 5G 视频彩铃业务;中国联通 5G 视频彩铃 2019 年 11 月试商用;中国电信商用最晚,2020 年 5 月 16 日线上发布 5G 视频彩铃商用。此前,最大的一个难题就是:互通。

2021 年 8 月,工信部组织中国电信、中国移动、中国联通开展 IMS(IP 多媒体子系统)网络互联互通工作,完成全国移动通信网 IMS 网络互联互通部署,正式为用户提供服务。至此,5G 视频彩铃实现三网互通。

中国联通《2021 年度终端测评报告》显示,2021 年中国联通 5G 视频彩铃用户约 2.0 亿人,2022 年将达 3.0 亿人;2021 年 5G 视频彩铃日放音次数达 2.0 亿次,2022 年将达 3.5 亿次;2021 年 5G 视频彩铃日放用户达 1.0 亿人,2022 年将达 1.5 亿人。

通过深耕产品创新和 IP 运营,中国联通正在加速挖掘 5G 视频彩铃身上的无限可能。目前正在逐步推出主叫彩铃、高清彩铃、热线彩铃、AI 情景彩铃、媒体彩铃等多款创新产品应用,充分满足个人、政府机构、企业单位等不同用户的多元化需求，给用户带来更创新、更便捷、更具沉浸感的产品应用及服务体验。

5G视频彩铃作为5G先发应用，是运营商自己的媒体平台，利于运营商更深入地了解内容和体验经营，也可帮助运营商聚合生态和探索商业模式，为未来更多的5G时空营销应用做好铺垫。

随着5G视频彩铃用户规模不断增长及5G规模商用步伐不断加快，相信5G视频彩铃不仅是5G时代的先发应用，它还将敲开未来更丰富多彩的5G时空营销应用。

二、5G视频彩铃：下一波"流量金矿"

如今，刷短视频已成为人们生活的常态，随着各种短视频应用程序的普及，越来越多的人愿意接受短视频，它不仅节省了获取资讯的时间，人们还可以看到想要看到的所有内容。因此，在这种需求下，5G视频彩铃诞生了，这是一种全新的营销模式，不管是针对个人还是政企，都是一个天然的营销平台。

5G大带宽、低时延、高速率的优势让5G视频彩铃有了更多新玩法，彩铃业务向"看"的方式进化，有望开启运营商的新流量入口。5G视频彩铃的最大价值就是覆盖足够多的用户,链接更多的内容生产者,从而产生商业价值。5G视频彩铃巨大流量入口与内容池将在5G商用风口下催生新市场、新消费。

面向5G时代,运营商不仅销售音视频彩铃,还将渠道能力与数字内容、服务结合起来,打造出一个全新的通话场景,以提升用户感知和体验。

相信,在"新基建"的春风下,5G发展将深入推进,加上VR、AI等前沿技术的推动,5G视频彩铃还将裂变出更多玩法,也将拓宽更大的发展空间。

彩铃的视频化,并不只是内容形态变化那么简单。音频彩铃只是一种单一维度的内容形态,但5G视频彩铃却是一个多维度的立体空间:可以容纳音频、可以容纳视频、可以容纳社交功能(点赞、转发),还可以实现跨平台的超链接,满足用户更多需求。这意味着,视频彩铃具有比传统音频彩铃更多的传播可能性和更大的拓展空间。

海量用户意味着巨大的受众群,5G视频彩铃的拓展空间和海量用户的叠加,潜在价值是可以想象的。而在短视频大行其道的当下,中国联通通过与抖音和快手等短视频平台的合作以及鼓励用户自制内容,扩充内容池并实现视频彩铃的跨平台分发。

5G视频彩铃有望与电商平台打通，通过视频彩铃实现引流带货。这让5G视频彩铃完全有机会像当年的音频彩铃一样，在互联网音乐甚至更广阔的内容发展中重新扮演重要角色，让一度渠道化的运营商重新回到市场舞台的中心。

5G视频彩铃业务是一项由被叫用户定制，为主叫用户提供一段悦耳、多彩或有趣的视频媒体，让目标受众在通话等待场景中观看相关视频内容，如政策宣传、形象展示和新品推介，无形中达成了便民利民、品牌塑造和二次转化等效果。

"如果运营商能提供非常方便的短视频拍摄、编辑、设置平台，并且塑造出类似抖音这样的视频个性化形象展示氛围，用户不会介意在通话前展示自己拍摄的创意视频。"

5G视频彩铃的出现让成千上万的用户在来电等待时拥有了更加丰富和有趣的社交体验，这也让5G应用创新更快地融入大众生活。

5G视频彩铃是中国三大通信运营商布局短视频生态的重要举措，也是为个人和政企用户推出更满足需求的内容服务的重要产品。

目前来看，5G视频彩铃更多的潜力市场在企业和政府机关。从企业角度来说，5G视频彩铃是一种"可视化名片"，在企业进行营销时效果更为显著，能够推广企业品牌、促销核心产品。对于政府机关而言，5G视频彩铃可以作为政府面向公众提供政务服务、政策宣传的平台，如传播消防知识、宣传公益活动、展示城市形象等。

据不完全统计，全国已经有超过100个市、县、区级的文旅部门，通过自有工作人员加载5G视频彩铃的方式来宣传文旅景点，助力文旅经济的恢复。比如在河北，率先实现了固定电话的5G视频彩铃业务，并在省博物馆迅速落地应用，成功打造了文化传承新体验，借助5G视频彩铃的优势，为传承古老文明的博物馆融合创新。司法部门也通过5G视频彩铃做普法宣传，另外，5G视频彩铃在农产品推广、文明城市建设、卫生防疫等方面都得到了大量的应用。

运营商作为通话连接体，在大力推广5G视频彩铃广告业务，创造5G时代的营销风口，因此5G视频彩铃广告的发展前景不言而喻。

目前，广告主的需求呈现多样性，5G视频彩铃广告平台的多元化与之刚好契合，获利渠道扩至最大，不同行业的客户可根据其推广目标选择相应的投放标签。相对于传统的广告形式，5G视频彩铃广告更加精准、灵活，覆盖面更广，官方大数据筛选实现了精准投放。

在 5G 时代，视频彩铃有望成为下一波"流量金矿"。可以预见，5G 视频彩铃背后隐藏着新一轮的流量和数据红利。随着 5G 视频彩铃的普及，短视频行业将迎来一个全新的亿万级用户流量入口，5G 视频彩铃将成为行业生态版图上的重要一员，因为它为个人、企业和广告商提供了多种商业化场景，覆盖了广泛的用户群体，并且具有强大的推广营销价值。

三、5G 视频彩铃：抢占短视频市场空白区

过去几年来短视频如野火般蔓延，尽管短视频 App 已出现用户规模见顶，但对于短视频整个行业而言，发展空间仍然巨大。

据调查，越是年轻的用户群体越喜欢短视频，但越是年轻的用户越是"喜新厌旧"。当短视频产业经历了"野蛮"生长期之后，用户开始期待更新鲜的玩法，促使短视频行业逐步向市场多元化和专业化方向发展，而 5G 视频彩铃就是一个新的选择。

作为短视频时代的新玩法，5G 视频彩铃面向个人、企

业、广告三种典型的商业化场景落地。对于个人用户，它是彰显个性、展现自我的平台；对于企业用户，它是企业品牌和形象宣传的窗口；对于广告商，它是精准营销的利器。

与短视频 App 不同，5G 视频彩铃附着于最基本的通信需求之上，不需下载安装 App，没有使用门槛，且运营商自带规模庞大的个人和企业客户资源，用户覆盖广，信息到达率高，推广营销更精准高效，可利用规模效应不断提高商业价值。同时，运营商拥有的强大的网络能力还能保障短视频的极致体验。

简言之，5G 视频彩铃可谓瞄准市场抢占了空白区。

5G 视频彩铃是伴随 5G 时代而生的短视频产品。首先，随着 5G 规模商用，5G 网络的大带宽能力正推动短视频体验向更高清、更流畅、更沉浸发展。但除了高清化、沉浸化，更具想象空间的是 5G 视频彩铃的社交属性。以被认为是 5G 时代的"杀手"级应用 AR 为例，想象一下，视频彩铃在 5G 大带宽和低时延网络能力的支持下，再融合边缘计算和 AI 识别等技术，用户可以在拍摄视频时叠加不同的虚拟道具和场景，让视频内容更有趣，让用户更愿意分享和传播。

5G 视频彩铃并不同于传统彩铃，对于我们普通人而言，我们可以 DIY 一段个性化的视频内容，将其作为自己的彩铃,向别人展示自己的兴趣、爱好,彰显个人风格;从家庭用户层面,将温馨美好的家庭时光记录下来,设置分组可见,即可在家人间私密分享幸福时刻;从企业用户层面,企业可为员工号码设置企业宣传 5G 视频彩铃,当客户来电时即可观看已设置的企业宣传视频,展示企业良好的形象名片;从政府层面,政务机关工作人员可通过手机彩铃传递政务信息、展现政务形象,也可以通过这个平台进行公益宣传,传递正能量。

四、5G 视频彩铃:重塑通话场景带来新价值

作为 5G 时代的创新应用,5G 视频彩铃涵盖公益宣传、品牌推广、企业宣传、形象展示等众多场景,有着广阔的发展空间,5G 视频彩铃产业有望成为运营商新增长点。

对于个人用户,5G 视频彩铃着重于满足个人用户的社交互动需求,其不仅有海量内容库满足不同应用场景,还有强大的美颜滤镜、3D 个人 AR 形象等 DIY 功能,解锁更多短视频新玩法,是个人用户展现个性、传递情感的全新平台,或将成为通信领域个性化的宠儿。

对于政府和企业用户,5G 视频彩铃提供众多视频 AI 合

成模板，用户只需挑选模板，上传图片和选择背景音乐，就可以快速生成定制化的5G视频彩铃。未来随着挂机短信、来电名片功能的延伸等，也为政府、企业、商户用户展示形象、传播信息等宣传工作打开新窗口。

而视频制作的灵活性与丰富的媒介元素，也为政府客户突发应急响应构建专属应用场景。2021年2月，5G视频彩铃防疫专区，官方制作的防疫科普视频，从居家生活、外出注意到口罩使用等细节，落到实处，为大众安全防疫提供更多科学有效的信息。因此，未来每一通电话等待都可能成为政企或个人短视频播放渠道，服务社会、娱乐大众、传递价值。

5G赋能短视频新场景，超高清5G视频彩铃成为最贴近用户的5G短视频社交产品。可以说，5G视频彩铃将会是一个充分发挥5G优势，集个性化、社交化、交互式视频内容于一体的全新玩法。

5G视频彩铃将依托5G网络大带宽、低时延的特性，结合彩铃高频使用的特点，为个人、家庭、企业、政府等各类用户提供分场景的专属定制内容服务。

由5G超高清视频彩铃带来的有趣、互动的体验，正在重塑着人们的通话想象。UGC（用户生成内容）将成为5G

时代视频彩铃的重要内容来源之一，个人用户可以把视频DIY成5G专属视频彩铃，企业用户可通过5G视频彩铃宣传新产品发布会等。

5G时代已至，超高清短视频将迎来发展风口，5G视频彩铃作为一种新型传播媒介，为短视频内容开拓了全新场景，5G视频彩铃可以说是电话接听场景与短视频在5G时代下的一次完美结合，使呼叫等待的过程不再枯燥乏味。

对于个人用户而言，5G视频彩铃可以让个人用户彰显个性、展现自我。用户可以将旅游时看到的美景、享用的美食、生日聚会等精彩时刻拍成视频，DIY成自己的5G专属视频彩铃，展现丰富的生活内容。

对于企业用户而言，5G视频彩铃可以成为对外宣传窗口。企业为员工统一办理5G视频彩铃，可以让所有员工的电话成为企业宣传媒体，客户给用户打电话时，也能直观了解企业最新产品信息，快速拉近企业与客户的距离。据悉，有商家就把促销活动、新品推介设置为5G视频彩铃，为店铺宣传引流。

对于政府而言，5G视频彩铃也是展示城市形象的媒介。河南的济源、广东的惠州等多个城市纷纷上线了城市形象宣传5G视频彩铃，广西壮族自治区也利用5G视频彩铃开展自治区 60 周年宣传活动，日均播放量达 54 万次。

可以说，使用 5G 视频彩铃业务，通话双方无须预装任何 App，播放视频也不消耗流量，使用门槛低限制少，而 5G 视频彩铃在城市名片及时政宣传、民生及公益提醒、企事业单位宣传、中小企业营销推广上有着广泛的应用前景。作为融媒体新业态，5G 高清视频彩铃将打造个性定制、企业宣发、媒体传播的产业生态，使个人、企业、广告主等多个人群的社交与推广营销成本更低、传播更精准高效。

第二节　5G 视频彩铃：让传播更加出彩

一、5G 赋能彩铃蝶变，一种全新的媒体服务

说到 5G 视频彩铃，我们不能不回头看看以声音为主的音乐彩铃。音乐彩铃就是伴随着 3G 的出现而发展的。那时通信技术已经可以很好地支持 1~5 Mbps 的信息传输，音乐片段在通信网络中传输不会卡顿，手机开始支持音乐播放，存储能力也大大加强，这些为音乐彩铃提供了可能和机会。基础的通信技术为更多的业务提供了可能。

音乐彩铃已经取得了较大成功，音乐彩铃要进一步升级，它的发展方向一定是向视频方向发展。彩铃这种形式，不仅是通过声音来表现，要用声音、视频形成更丰富的信息，更细腻的表现，更强大的冲击力，更完美的感染力，成为一个融合多种媒体形式的融媒体平台。

5G的大规模部署和发展，对于5G视频彩铃发展有着重要的意义。我们都知道，传统互联网建成，最初的带宽不过几十Kbps的速度，那个时代主要的业务是以文字为主，是最基本的信息传输。当带宽提升到1~4 Mbps时，图片被广泛地采用，互联网进入读图时代。3G的出现，带动了智能手机发展，也让1~5 MB的音乐、图片有了更多的业务爆发。4G的到来，高清图片、5~20 MB的无损音乐、20 MB以下的短视频能力形成新的业务爆发。

其实5G视频彩铃仍然是短视频，但是5G的到来与智能手机的强大为5G视频彩铃提供了更多的机会和可能。5G意味着带宽更宽，用户使用的体验更好，用户对于视频的接受度会更高，更重要会有更多的开发者看到短视频的价值和能力，参与到这个生态中，促进5G视频彩铃的开发。从产业的内容和平台开发，到用户使用习惯的建立，5G的大规模发展为视频彩铃的爆发提供了坚实的基础。

第三章 AI+5G 视频彩铃：开创时空营销新模式

每一代通信技术的出现，改变不仅是产品本身，而且是通过产品改变业务模式、商业模式，继而改变产业、生态的形成是技术从产品向商业模式突破的重要里程碑。5G 视频彩铃正从一个产品，逐渐走向一个生态。这个生态，我们毫不怀疑，会渐渐成为一种新的商业模式。

5G 视频彩铃也正在从三网互通、原创孵化到与互联网平台双向赋能、终端跨界等维度实现资源、内容、宣传、利益等方面的融合，逐渐向新媒体平台方向发展。

可以说，5G 赋能彩铃蝶变，让视频彩铃成为一种全新的媒体服务。有数据显示，视频彩铃的用户规模已经超过 4 亿，视频播放量超过 200 亿 / 月。

作为中国联通 5G 商用的重要战略产品和应用，5G 视频彩铃将依托 5G 网络大带宽、低时延的特性，结合彩铃高频的使用特点，为个人、家庭、企业、政府等各类用户提供分场景的专属定制内容服务。

UGC 将成为 5G 时代视频彩铃的重要内容来源之一。个人用户可以把旅游时看到的美景、观看的明星演唱会、享用的美食、过生日等精彩时刻拍成一段视频，DIY 成自己的 5G 专属视频彩铃，展示鲜活的自我；企业用户可以通过 5G 视频彩铃宣传新产品发布会、向供应商和客户展示良好企业形象等；政府用户则可以用5G视频彩铃提供政务服务和宣传，如传播消防知识、宣传公益活动、展示城市形象等。

中国联通5G视频彩铃还将面向用户推出按键复制、分享、点赞、发红包等互动操作，实现通话双方的实时交互，让通话前的等待变得更好看好玩。通过增加交互传播属性，5G视频彩铃有望成为5G时代的爆款应用。除了UGC以外，中国联通也在不断加强5G时代专业生产内容（PGC）引入合作。目前中国联通已集成50万高清音频和20万优质短视频内容。

二、5G视频彩铃：5G时代的品宣利器

对于个人用户来说，用不用5G视频彩铃，可能只是锦上添花；但对于商业用户来说，这是一个非常好的宣传和营销的机会，因为每一个来电，背后要么是真实的用户，要么是潜在用户。

我们可以想象这样的场景：当一个用户拨打某公司的咨询电话，或者某业务员的电话时，以往冗长的等待时间变成了公司形象宣传片、业务办理介绍或者广告视频，用户还可以点赞、转发，甚至直接跳转到下单界面。

这是一个精准营销的巨大的市场，可以激活商业化 5G 视频彩铃的设计、制作以及消费的完整链条，无疑是非常具有前景的。

5G 视频彩铃为企业营销寻找到创新性解决方案，可通过不同的视频内容播放，承载不同的商业场景。在用户保持原有的音频呼叫习惯下，无缝嵌入用户通话，使 5G 视频彩铃触发场景和受众大大提高，传播效果佳，接受程度高，成为新潮、精准、快捷的广告投放渠道。

5G 视频彩铃能很好地解决推广成本高、转化率低的问题，助力企业打造个性定制的宣传内容，丰富宣传渠道，成为企业品宣的利器。

（一）5G 视频彩铃助力企业品牌和形象宣传

5G 视频彩铃广告是客户在运营商 VoLTE 网络下拨打视频手机，在等待接通前，会看到一段企业定制的视频广告内容，展示企业的宣传视频广告，将通话前碎片时间变成企业宣传最佳时机，点对点触达目标人群，有效解决企业用户品牌、产品、服务传播范围有限的宣传痛点。所以说，5G 视频彩铃是天然的广告营销平台，背靠运营商强大的用户数量，是企业宣传的重要渠道。

企业为员工集中办理企业 5G 视频彩铃，可以让所有员工的电话自动成为企业的宣传媒介，轻松打造辐射全国的营销网络，高效获取潜在客户。

（二）5G 视频彩铃提高新客户信任度，降低宣传成本

企业通过给员工绑定 5G 视频彩铃的方式，利用电话接通前的空闲时间让客户直接了解企业信息、产品信息，可以搭建初步的品牌信任，扩大企业用户规模。教育行业通过 5G 视频彩铃可以起到课程宣传的作用，不仅可以让员工主动向身边客户、朋友宣传，还可以利用其他学生家长的正面反馈实现大规模的口碑营销，课程的咨询量增加 50% 以上，新客户成单率提高 15%。低成本的 24 小时不间断式宣传推广，可以让企业实现低成本高质量的宣传推广。

（三）5G 视频彩铃加深老客户对品牌的印象，提高二次营销转化率

5G 视频彩铃的应用可以成为私域流量的入口，每一通电话都是企业品牌价值的宣传，将 5G 视频彩铃这种带有裂变属性的推销方式，变成一次次精准的流量获取行为。通过 5G 视频彩铃的宣传，可以加深老客户对品牌的印象，当自身

或者身边人有需求时，客户能及时想起企业品牌或进行转介绍，激发新的产品需求，增加客户复购概率，增加企业20%的额外转化率。

5G视频彩铃产品，协助各行各业扩大用户规模、增加产品的曝光度，激发客户的产品新需求，利用电话接通前的空白环节，全面触达客户，赢得更多转化的可能。

对于广告商而言，5G视频彩铃是天然的精准高效广告营销平台。运营商有动辄几个亿的用户，并能对用户进行精准画像分析，能让广告主的宣传实现广覆盖和精准推送；相比传统广告方式，5G视频彩铃有着不一样的优势。

1. 更低成本

相较于其他多样化的广告投放方式，5G视频彩铃称得上是精准的低成本短视频生态宣传平台，让企业能在较低成本投入下做到精准的宣传触达。

2. 更快传播

原声播放，无需第三方工具。主叫用户拨打开通5G视频彩铃业务的被叫，等待时段即可观看视频。

3. 精准投递

企业视频彩铃一对一传播，可进行媒体化分组播放，精准营销。

4. 个性定制

一企一音／一企多音、灵活定制、新颖时尚。

5. 一站服务

视频内容制作＋播控一体化平台，多种选择，省心服务。

作为新型广告媒介，企业视频彩铃以"低价高效，精准触达"著称，拥有其他媒介不具备的优势。使用企业视频彩铃服务，企业用户无须安装客户端、无须消耗流量且百分百触达客户，使用门槛低限制少，可以轻松高效实现企业引流诉求。

相较于企业在电视、报纸、网络等主流渠道中发布广告，通过客户主动关注的获客方式，企业视频彩铃的被动触发特性使其拥有更强的客户触达能力。在电话接通前的必备环节展示企业视频广告，客户注意力高度集中，有利于企业快速、精准获客，让通话前每一秒等待的商业价值最大化。

企业视频彩铃能满足不同企业的多样化推广需求。以金融领域为例，企业视频彩铃可应用于理财产品推广、金融知识科普等环节，通过精准投放扩大媒体效应，增加客户群。针对零售领域，其促销活动、新品推介需求与企业视频彩铃的播放特性高度匹配，熟人效应更有助于活动折扣信息的扩散，提高销售转化率。

企业视频彩铃的特性，奠定了其在宣传推广阵地中的独特地位，也为数字化新商业环境下企业推广开辟了新路径。随着 5G 商用时代来临，企业视频彩铃还将裂变出更多玩法，赋能企业新营销。

三、5G 视频彩铃实现更精准高效的营销推广

5G 时代，通信技术的革新让内容、品牌传播越来越精准和高效。在 5G 通信技术的助推下，5G 视频彩铃以短视频的方式，将通话前的黄金时间打造成政务宣传和企业推广新场景，大大提升了宣推效率和覆盖广度，已成为最受当前政企营销热捧的 5G 营销新场景。

5G 视频彩铃广告智能营销相比传统营销的优势在于可以实现双向传播。受众对营销内容深层次接触，可以精准及时地将广告传递给用户。广告投放结束后可生成广告投放报告，能更加准确地了解到用户的实际需求，可对营销方向和内容进行及时的修正。

在 5G 时代下，大量的数据和用户信息使得广告主有更多的投放选择。在此之前广告信息基本上都是静态的、平面的，5G 时代可以使产品广告变立体，360 度全方位展示在消

费者面前。5G视频彩铃不光可根据用户信息和用户特点来投放动态广告形式和个人定制形式，更可能以用户所在的位置实现广告的精准触达。

5G视频彩铃拥有上亿的用户规模，并能对用户进行精准画像分析，让广告主的宣传实现广覆盖和精准推送，效果显著。

5G视频彩铃的精准高效定位，可以让企业对客户进行精细化的运营，针对不同消费人群，构建专属客户群体。同时，通过5G视频彩铃广告投放管理后台的跟踪数据收集，可根据数据反馈，制定不同的5G视频彩铃宣传。为企业营销提供强有力的支持，带来颠覆性的宣传价值。企业开通视频彩铃之后客户能直观了解企业竞争力或最新产品资讯，快速拉近企业与客户的距离，从而提高转化率。

相比于传统媒体，5G视频彩铃广告在精确性方面有着先天的优势。它突破了传统的电视广告等媒体单纯依靠庞大的覆盖范围来达到效果的局限性，而且在受众人数上有了很大超越。手机广告可以根据用户的实际情况和实时情境将广告直接送到用户的手机上，真正实现"精准传播"

5G视频彩铃可做到"分时段投放""分区域投放""分部门投放"等功能，帮助企业实现彩铃内容的精细化投放。

第三章 AI+5G 视频彩铃：开创时空营销新模式

其中分时段投放可分为日期维度投放和时间维度投放。日期维度一般以工作日和非工作日为计量单位，工作日适用于一般企业品牌宣传与产品推广，非工作日投放更贴合消费行业需求，例如超市门店、线上电商的折扣活动投放。

分区域投放是跨地区企业常用的投放手段，尤其适用于中大型企业。企业可根据各分部的情况，有侧重地投放 5G 视频彩铃内容。

分部门投放主要是从群体维度对投放设置条件。对于组织结构较为复杂的企业来说，其核心产品众多，不同业务线有各自宣传的重心，分部门投放十分必要。

5G 视频彩铃精准投放，还体现在大数据精准推送方面，运营商利用自身的大数据优势，根据不同的用户画像和用户场景，将内容精准推送给用户。比如联通用户在拨打电话时，结合用户的大数据标签，中国联通以算法推荐形式进行视频彩铃推送，帮助企业更精准触达目标用户。

中国联通 5G 视频彩铃，拥有强大的大数据平台建模能力，通过标签管理系统、自助建模系统和用户画像系统，确保视频彩铃广告的精准有效推送。

在整个 5G 视频彩铃广告投放前中后，中国联通帮助广告主进行数据资产管理，提供全链路数据服务；灵活、便捷、安全的深度数据应用,使数据资产价值最大化。

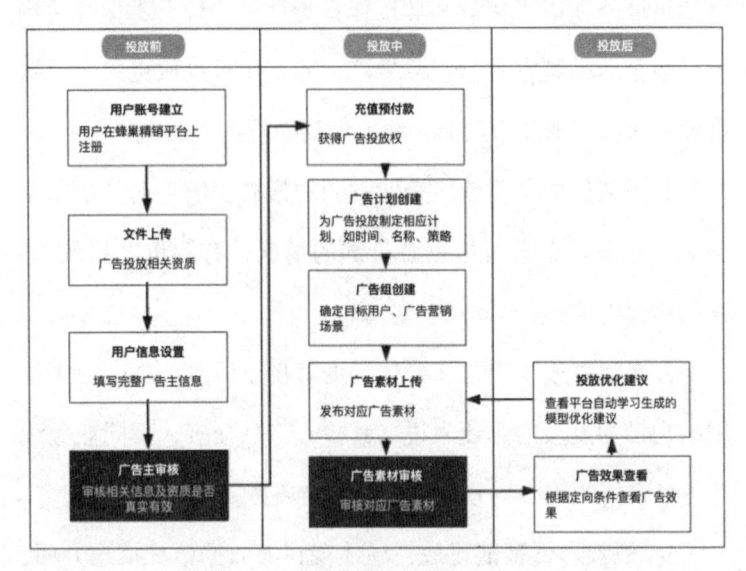

展示投放前、中、后数据的一站式广告主平台

四、5G 视频彩铃打造振铃等待"黄金时刻"

根据国内部分运营商的数据显示,中国 5G 视频彩铃用户数量已经破 4 亿。

若以 15 秒为限接通电话,用户平均每天 4 次通话就能让彩铃总体播放时长超过 4 亿分钟,若等待时间超过 30 秒,则用户平均每天 2 次通话就使彩铃总体播放时长超过 4 亿分钟,且是保守估计。

第三章 AI+5G 视频彩铃：开创时空营销新模式

也就是说，国内运营商目前的彩铃用户基础，已足够撑起超过 4 亿分钟数量级的媒介宣传资源，传播能力远大于传统媒体。

5G 视频彩铃为政府和企业在展示形象，打造特色微视频生态圈打开了一扇门。不同机构借助视频彩铃业务，可以为不同层次、不同兴趣的受众进行定向传播，合理配置频道资源。

对于政府机关而言，视频制作的灵活性与丰富的媒介元素可以为政策宣传、机关形象展示和突发应急响应等构建专属应用场景。

政策宣传方面，比如洛阳经济技术开发区税务局就利用 5G 视频彩铃，在纳税人拨打工作人员电话时，手机屏幕自动播放税收政策宣传视频。这一税收宣传上的创新已被该局作为今后一个时期在税收宣传上的重点，被称作是缴费人接听电话前的"黄金 15 秒"。

5G 视频彩铃在某种程度上也是政府"两微一端"（政务微博、政务微信、政务客户端）的延伸。基于已有的媒体传播矩阵，5G 视频彩铃可以实现"点对点"传播即时、快速、有效的"短平快"传播效果。

事实上，这种近乎"可视化名片"的推广在企业进行营销时效果更为显著。部分景区与运营商合作，制作短视频对景点特色进行展示，令拨打电话向景区咨询的潜在游客有了背起行囊出发的欲望。

对于企业而言，沟通效率是营销实务中最难提升的一环，市场专员对产品特性的解读，或对商业模式的表述，往往会因交流双方的认知差异而错位。单一言语表述的复杂性不利于核心价值的广域输出。但多媒体视频就不一样，企业可以有针对性地进行简化，并通过多媒体呈现形式把核心要素以短视频确立下来，进而在5G视频彩铃中播放。

由于只需企业开通5G视频彩铃业务就可以让呼入者在拨打电话等待时观看，且类似通话的生成有其特定的需求驱动，因此企业通过5G视频彩铃进行营销，亦是对市场广告投放成本压缩的创新之举。

相比于部分传统媒体数亿百万、千万元的广告费用，5G视频彩铃的资费按每线、每月计费，且随着线数的增长，资费会降低。以中国联通为例，政企版5G视频彩铃业务资费中，同一客户开通号码的数量(线)在0~4时，报25元/月/线；10~49线报15元/月/线；50线以上则10元/月/线。

5G视频彩铃可将多媒体媒介元素和用户行为模式与特定应用场景有机结合起来，能够在适当的时间、地点为客户提供最合适的服务，使服务自然融入消费者的正常生活中。此外，借助虚拟现实技术的增强，具备自主定制化基础的 5G 视频彩铃能够为用户提供更具视觉冲击和版面强势的内容，有助于提升用户自我价值的输出。

运营商可以组织 C 端用户将自己的彩铃使用权共享给后向 B 端客户。在 C 端客户的彩铃中放置 B 端客户的广告，C 端用户则获得运营商的补贴或者是 B 端客户的产品优惠，让大家都能在 5G 视频彩铃平台上各取所需，形成良性循环。

第三节　5G 视频彩铃的营销特点

5G 视频彩铃强大的可塑造性与丰富的应用场景，能够快速适应用户需求变化，缩短主被叫双方的沟通链条，在电话接通前就能产生对话、传递信息。5G 视频彩铃在营销层面，具有四个明显的特点：广覆盖、强关注、准触达和全场景。

一、广覆盖：亿级覆盖，自带流量

（一）刚需场景，亿级用户覆盖

高频次，用户刚需：刚需场景，日均 1~2 次；每天上亿次视频彩铃呼叫。

视频彩铃是跟随着通话场景的，客户每一次的呼叫都伴随着一次视频彩铃，所以注定了视频彩铃的高频次，这也是用户刚需，因为大家每天都需要打电话和接电话。

视频彩铃这个运营商把控的平台，可以像短信一样，触达每一个用户。在流量方面，视频彩铃这项业务还处于增长期，每天全国庞大的电话量也保证了曝光量。

用户覆盖范围广：视频彩铃受益于 2021 年的"三网互通"，全新的互通机制让视频彩铃迅速出圈。数据显示，目前视频彩铃月触达用户数超过 8 亿，月播放量已经达到 200 亿量级。视频彩铃以电话为媒介，可以做到最大范围的用户覆盖。这是其他宣传渠道所无法比拟的优势。因此，不论是针对年轻人、老年人的宣传，还是对青少年的宣传，都能做到广泛覆盖每一名目标用户。

据工信部发布的最新数据，截至 2021 年 10 月底，我国三大运营商 4G 用户总数为 12.96 亿户，每天用户的呼叫等待时间以十亿为单位，试想一下，如此大的市场空间，对于任何一个企业的宣发都会是一片星辰大海。

以中国联通为例，2021年度视频彩铃用户突破2亿，若以15秒为限接通电话，用户平均每天4次通话就能让彩铃总体播放时长超过2亿分钟，若等待时间超过30秒，则用户平均每天2次通话就使彩铃总体播放时长超过2亿分钟，且是保守估计。也就是说，国内运营商目前的彩铃用户基础，已足够撑起超过2亿分钟数量级的媒介宣传资源，传播能力远大于传统媒体。

在人群覆盖方面，视频彩铃受益于2021年的"三网互通"，全新的互通机制让视频彩铃迅速出圈。数据显示，目前视频彩铃月触达用户数超过8亿，月播放量已经达到200亿量级。

（二）终端原生，用户习惯已培养

终端原生：视频彩铃无须安装App，手机原生支持。

视频彩铃作为运营商独有特色业务，由手机终端原生支持，视频彩铃的播放不需要借助第三方工具。"视频彩铃"，它既继承了传统语音彩铃的听觉享受，又结合高清短视频给你带来的视听盛宴，视频彩铃的最大优势就是不需通话双方预装任何App，呼叫方可以直接看到被呼叫方设置的视频彩铃，传播效果佳，接受程度高。

用户习惯：视频彩铃现网开通用户2亿+，新媒体用户习惯培养完成

现在大部分用户在拨打电话时彩铃播放的是视频，而不是传统的语音，音频彩铃到视频彩铃的转变给用户带来了不一样的体验感，得到了用户的一致好评。

5G时代已至，超高清短视频将迎来发展风口，视频彩铃作为一种新型的传播媒介，为短视频内容开拓了全新场景，视频彩铃可以说是电话接听场景与短视频在5G时代下的一次完美结合，让呼叫等待的过程不再枯燥乏味。

可以说，使用视频彩铃业务，通话双方无须预装任何App，播放视频也不消耗流量，使用门槛低限制少，而视频彩铃在城市名片及时政宣传、民生及公益提醒、企事业单位宣传、中小企业营销推广上有着广泛的应用前景。

2021年，全国超过一亿人免费用视频彩铃为战"疫"加油，防疫宣传视频彩铃播放超过41亿次，大量防疫提示和公益宣传视频彩铃，在一定程度上也培养了用户使用习惯。

二、强关注:"黄金 15 秒"稀缺注意力独占

有数据显示,2021 年,63% 的移动流量都是视频流量;据预测,到 2025 年,这一数字将增长到 76%,与之对应的是商业价值的不断高企。根据 Statista 数据,到 2024 年,视频广告收入将达到 350 亿美元。之所以具备这样的市场数据,是因为用户对视频内容的关注度要高于其他类型的内容。视频内容维持用户注意力的时间,是静态图像的 5 倍之多。

包括品牌商家在内的大部分企业非常肯定视频营销的重要性。84% 的消费者认为,自己的购物受到了视频内容的影响。有关数据表明,61% 的企业将会增加视频营销的支出。未来,视频营销将成为企业的主要营销策略。

视频彩铃作为 5G 产业的创新性成果,在广告行业的应用中呈现出前所未有的新媒介优势,充分利用通话前"黄金 15 秒"的等待时间,为企业用户提供高壁垒、高触达和高转化率的全新营销推广平台,能有效解决广告主的各类问题,成为 5G 时代主流的媒介渠道。

视频彩铃相比其他短视频,其优势在于用户注意力更集中。从注意力经济找到撬动用户心智的方法,视频彩铃占据接通电话前的等待时间,成为市场上最受欢迎的内容形态。

（一）稀缺注意力——低干扰

有研究表明，打电话前的等待时间里，人的注意力相对集中，这时通过视频彩铃所传递的信息，是很容易被记住的。大多数人在等待电话接通前，都是紧盯手机屏幕，此时如果有一段视频彩铃，主叫用户大概率会目不转睛，专注此刻。

视频彩铃的业态很像电梯间广告，锚定了一个"注意力高度集中"时刻。在拨打和接听手机的时候，大家的精神状态以"神游"为主，这个时候调动屏幕像抖音一样播放视频内容，能屏蔽干扰，形成一个独立营销场景。

许多消费者或许已经接触过视频彩铃，就是当你给别人打电话时，手机屏幕上出现的不再只是一串冰冷的电话号码，而是出现一段或风景，或音乐会，或搞笑段子的短视频。

（二）独占关注——更能抓住用户眼球

不论是线上视频广告，还是抖音等短视频宣传方式，用户在观看视频时往往会受到周围环境干扰，不能做到对视频的认真观看。

视频彩铃相比其他短视频，其优势在于用户注意力更集中。因为，当用户打电话时，注意力就在打电话上。此时，如果视频彩铃所播放的内容，刚好是用户喜欢的，然后又能抓住用户眼球，必然能取得更好效果。

比如，针对新上映的电影，电影宣发方可以在电影上映前，将电影中的精彩画面通过视频彩铃的方式，在上亿次的呼叫等待中快速抓住用户眼球，进而加深用户对电影的兴趣，从而有效促动用户走进电影院观影。

三、准触达：精准触达，保证能看到 + 知道谁看到

（一）目标用户锁定更精准

视频彩铃用户信息更精准。因为目前我国手机号码实现实名制，用户信息精准。基于此，在视频彩铃传播时，可以根据合作方想要覆盖的目标人群，精准锁定不同年龄、不同性别人群，做到视频彩铃内容的"精准制导"。

比如，有的视频彩铃内容可能更吸引男性观众观看，此时，借助视频彩铃精准覆盖能力，可实现将视频彩铃精准推送给对于此内容感兴趣的男性用户。

运营商基于大数据分析，其价值在于为投放策略的抉择提供指引方向。通过对投放频率、内容反馈、客群接受率等

进行多维度数据分析总结,实现宣传效益最大化。

(二)精准投递

企业视频彩铃一对一传播,可进行媒体化分组播放,精准营销。

5G 视频彩铃是天然的精准高效广告营销平台,不光可根据用户信息和用户特点来投放动态广告形式和个人定制形式,更可能以用户所在的位置实现广告的精准触达。通过视频彩铃的不断输出,在快速、标准化、持续传递价值给客户后,精准判断客户的需求。

四、全场景:灵活组合,覆盖媒体宣传全场景

通过深耕产品创新和 IP 运营,电信运营商正在加速挖掘视频彩铃身上的无限可能。目前正在逐步推出主叫彩铃、高清彩铃、热线彩铃、AI 情景彩铃、视频彩铃等多款创新产品应用,充分满足个人、政府机构、企业单位等不同用户的多元化需求,给用户带来更创新、更便捷、更具沉浸感的产品应用及服务体验。

说起媒体融合,从当前的技术和行业发展趋势看,就是

将存在互补性的不同媒体,在内容、渠道、平台、经营、管理等方面进行深度融合,并通过云计算、大数据、AI等技术,加强不同媒介之间的互联性和共享性,从而简化内容生产、管理、传播流程,提升推广效率和效果。

在这方面,我们看到视频彩铃业务正从三网互通、原创孵化、与互联网平台双向赋能、终端跨界等多个维度,在资源、内容、宣传和利益等方面推进全方位融合,逐步向新型的融媒体平台发展。

近年来,视频彩铃作为融媒体新平台,肩负起传递正能量主旋律的责任,已逐步成为党政宣发、公益传播、城市推介等场景的重要宣发平台。

为庆祝建党百年,新华网、人民网、学习强国等权威党媒央媒推出了优质视频彩铃内容,实现了单月超10亿次的全网传播,覆盖1.4亿用户;助力脱贫攻坚,新华网联合运营商推出视频彩铃进行扶贫系列宣发,创新展现扶贫奇迹,总宣发量超2亿次,覆盖超7000万用户;助力抗疫方面,自2020年初新冠疫情蔓延以来,防疫公益宣发视频彩铃总量已超85亿次,覆盖9700万用户,为近6万家企事业单位免费设置防疫宣传视频,覆盖近3000万企业成员。未来,5G视频彩铃将发挥在社会公益传播场景的优势,与党媒、央媒加强深度合作,打造"公益融媒体平台"、正能量主旋律宣发新窗口。

构建政企宣发新通道。作为当下最受政企用户热捧的5G新应用,视频彩铃应用场景100%覆盖重点民生行业,触达用户超2000万,产业收入超5亿元。未来,视频彩铃将进一步向集团客户提供定制化的视频彩铃宣发服务,建立良性政企行业合作生态。

5G视频彩铃在党建党宣、政府文创、城市文旅、企业广宣、会员广宣等更多焕新场景应运而生。

(一)党建党宣

如何做好新时期党建宣传工作,提升党的建设影响力并做好贴近人民群众宣传工作,是各级政府党政宣传工作的关注焦点,随着5G的逐步建设,视频彩铃的运用场景也更加多变,党建宣传工作也恰好可以利用好视频彩铃这一趋势。

利用企业视频彩铃"强覆盖精准宣传"的特性,实现政府官方热线电话及党员干部手机终端实时统一的党建内容宣传。更好地助力各级政府贯彻落实变"被动联系"为"主动服务"的服务方针,增强信息对称性和实时性,实现宣传内容精准、宣传主体精准、宣传方式精准的宣传目标。

(二)政府创文

随着政府创文工作的快速推动,越来越多传统文化与时俱进为潮流文化。"国潮"的兴起是城市文明建设的重要历史机遇。

被众多媒体争相报道的短视频"黑科技"——5G视频彩铃,助力城市文明文化建设以生动的视频表现手法全新演绎,将城市鲜明的特色及丰富的文化内涵,精准传达给世界。

向受众传递城市的活力与创新,力争打造新型智慧文明城市,创造一个又一个爆款品牌。

(三)城市文旅

云南"春城"、重庆洪崖洞、西安"摔碗酒"……近年因短视频而爆火的"网红城市",成为国内外游客打卡胜地。

视频彩铃先后助力云南省政府、广西壮族自治区、重庆市政府开展"一部手机游云南"利民工程、"广西壮族自治区60周年庆"及"我为重庆代言"城市宣传活动。通过全省公职人员或引导市民自愿开通视频彩铃的方式,将"游客体验自由自在,政府服务无处不在"的服务理念深入人心,让城市里的每个人都成为家乡宣传员。

(四)企业广宣

宣传工作是企业生产经营的重要组成部分,对内上传下达、知识培训、员工关怀,对外品牌宣传、客户服务、产品推介、公益事笔、快捷精准是企业宣传刚重。

截至目前,企业视频彩铃已为9万集团客户、近3000万成员提供视频宣传服务。服务客户遍地全国31省,覆盖千行百业。打破集团客户"两微一抖"自媒体宣传渠道限制,通过视频彩铃 短视频展示、按地域/时间段自主投放,实时监控运营数据及节约企业宣传成本等众多优势,实现"弯道超车"。

(五)会员广宣

会员营销,是当下最热门也是最有效的转化方式之一。企业视频彩铃是通信类短视频宣发产品,相较互联网短视频,具备原生终端支持及免流量观看优势。

升级会员营销玩法,企业可为会员客户统一提供视频彩铃服务,让会员或粉丝成为企业代言人或 品牌形象合伙人,有效触达更多潜在客户。

企业视频彩铃具备丰富的应用场景并能及时有效解决集团客户宣传不精准、拉新效果差、用户运营有瓶颈、营销成本高等一系列问题。

一部手机、一通电话、一段视频，企业宣传 7×24 小时不打烊，客户服务 365 天不下线。

第四节　5G 视频彩铃的产品形态

一、曝光型产品：原生 15 秒视频，元素叠加 / 植入

三网融合后，视频彩铃突破壁垒，成为真正的全民级应用，这意味着视频彩铃依托的通话场景，变成了新的流量入口，带来新的增长点。5G 媒体彩铃曝光型产品，已全面为政企营销助力。每当用户在拨打电话时，主叫在振铃等待期间，观看政企宣传视频，帮助政企品牌曝光，触达更多用户，成为政企宣传的最佳渠道之一。

视频彩铃把拨号场景变成一个划不走的 15 秒短视频广告，通过精细化标签，精准定位目标用户；通过强精准投放，锁定目标用户关系网；最终实现完整型链路，降低与用户沟通的难度。

5G 视频彩铃曝光成本为 50 元 /CPM（千人成本）以内，较其余市场主流的投放渠道平均成本便宜 55%~28%；投放三网人群包覆盖，数据维度细化到 App 使用习惯；链路完整，满足品牌方转化需求。

1. 原生 15 秒视频

企业客户原生 15 秒宣传视频，支持半屏 / 全屏。

2. 元素叠加 / 植入

基于视频彩铃的内容叠加企业品牌元素宣传，"电视冠名 / 特约赞助模式"。

3. 创意 – 品牌融合

品牌需求与视频彩铃内容进行定制融合，差异化营销。

第三章 AI+5G 视频彩铃：开创时空营销新模式

二、精准投放产品：以算法推荐形式进行视频推送

5G 视频彩铃精准投放产品是用户在拨打电话时，结合用户的大数据标签，以算法推荐形式进行视频推送，帮助企业更精准触达目标用户。

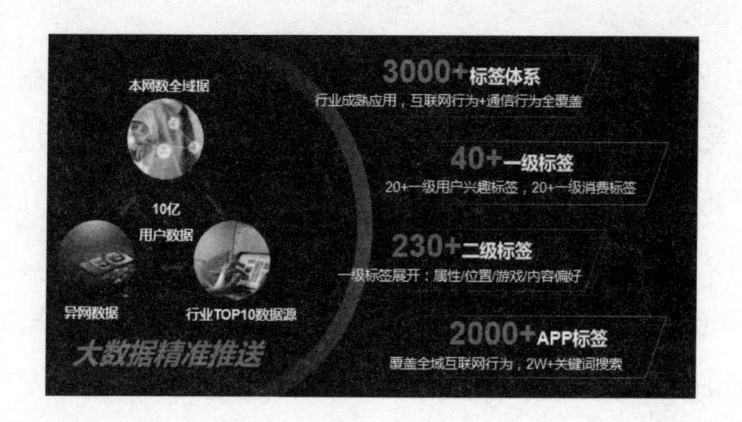

5G视频彩铃背靠强大的运营商数据库，投放可打通三网，高精准覆盖全国。全国观看5G视频彩铃的用户覆盖呼叫市场份额的88%，日播放量达3亿，日触达的精准用户达2.6亿。基础标签有6个，还可根据项目内容定制专属人群标签。

视频彩铃借助运营商的大数据平台建模能力，以中国联通为例，通过可视化标签管理系统、自助建模系统和用户画像系统，实现视频彩铃的精准投放。

比如，针对商场、零售、餐饮行业，开业当天，5G视频彩铃可以定向投放目标地周边用户，在视频素材上，展示店铺开业地点及时间等信息，形成线上吆喝效应，吸引周边用户到店参观。

三、互动型产品：屏幕点赞/跳转互动

对于个人用户而言，视频彩铃是集合了个性化、定制化、高清内容的社交产品，能做到传递情感，自我分享。因此在视频彩铃产品的功能服务上，运营商更看重满足个人社交互动需求，不仅设有海量的内容库满足不同场景的需求，更有强大的美颜算法功能，3D个人AR形象等DIY功能，让个人用户体验更多趣味新玩法，满足社交互动需求。

第三章 AI+5G 视频彩铃：开创时空营销新模式

1. 拨号盘按键 – 短信互动

拨打电话观看视频→拨号盘按键——推送短信，短信中包含文字、H5 链接，用户可以点击链接进行跳转。

2. 拨号盘按键 –5G 消息互动

拨打电话观看视频→拨号盘按键——推送 5G 消息，5G 消息模板化配置：卡片 /H5/ 服务号消息。

3. 屏幕点赞／跳转互动

拨打电话观看视频——手机屏幕直接交互，视频内容点赞、视频链接跳转。

5G 视频彩铃有完整易达的营销链路，除了基础的按键互动（9#）还有 5G 视频消息互动，多种互动体验可以让用户和品牌玩儿起来，提升转化效率。

通过创新性的用户互动方式和丰富的福利机制，5G 视频彩铃可以助推参与互动的人数迅速增长。5G 视频彩铃也通过创新式玩法突破了行业旧范式，在满足用户深度内容需求的同时，实现了视频彩铃与用户之间的强互动，让大众多场景、深入式地参与到视频彩铃的互动中来。

2022 年全民喜迎新年之际，中国联通视频彩铃春节福利发放形式大升级，推出了全新的 5G 短视频社交玩法——按键 8# 新春 88 年货节/乐开新年大礼包。春节期间，中国联通用户在拨打电话的过程中，看到指定的新年视频彩铃，并根据界面提示按 8# 键互动，即可参与新春抽奖活动。

此次中国联通视频彩铃推出的按键 8#"乐开新年大礼包"互动活动，送出多重年货好礼：智能家电——科沃斯扫地机器人、戴森吸尘器、摩飞厨电 3 件套；潮流电子装备——任天堂 Nintendo Switch、iPad、小米手机；美容护肤——SKII 新年套装；热门 VIP 周/月卡——优酷会员月卡、喜马拉雅会员周卡等；联通话费——最高可达 88 元……超丰富年货等你来领取，赶快拨打给亲朋好友一起抽年货！中奖结果将以短信形式通知。每位用户最多有 3 次抽奖机会。

此次中国联通视频彩铃创新推出 8# 春节抽奖活动，是一次对短视频社交实践的探索尝试。视频彩铃按键的交互玩法充分发挥了中国联通视频彩铃作为 5G 融媒体平台的优势与价值，为用户带来全新的 5G 短视频互动体验，打造全新春节营销。

除了以上三种常见的主流产品形态，5G视频彩铃还开发出了更多新颖的产品形态，比如，中国联通推出的裸眼3D视频彩铃。

裸眼3D视频、VR沉浸式体验在生活中已经屡见不鲜，但应用于手机视频彩铃上尚属探索阶段。中国联通裸眼3D视频彩铃由联通在线沃音乐5G·AI未来影像创作中心自建裸眼3D团队倾力打造，依托裸眼3D场景建模、合成渲染等技术，对视频彩铃的交互观感进行沉浸式焕新升级，为用户带来在超高清视频彩铃基础上丰富多元的升维体验。

当视频彩铃遇上裸眼3D，双倍黑科技加持下，一段段极具视觉冲击力的视频，给大众带来耳目一新的沉浸观感。目前，联通在线沃音乐裸眼3D视频彩铃已经拥有"宇宙飞船""太空漫步""不忘初心""国潮熊猫""花好月圆"等八大空间主题，用户可以在拨打电话时感受裸眼3D带来的震撼听视觉体验。如联通在线沃音乐的自制IP"国潮熊猫"，憨态可掬却又调皮卖萌，在裸眼3D观感下，活灵活现，日常拨打电话时就能感受充满潮流趣味的愉悦心情。

前往"中国联通视频彩铃"
微信小程序,开启掌上 3D 之旅

当前用户只需前往"中国联通视频彩铃"微信小程序的视频广场页面,即可体验掌上裸眼 3D 视频彩铃。未来,联通在线沃音乐还将推出更多场景、更多主题,让用户参与感、体验感更多元。值得注意的是,中国联通已经打开视频彩铃与 5G 视频号通信侧入口的连接,用户在呼叫彩铃阶段可进入视频号,畅览裸眼 3D 视频资讯,轻装上阵开启裸眼 3D 视频动态分享之旅。

当下,运营商终端入库手机要求全面支持超高清视频彩铃播放,存量终端超 400 款,近 5 亿用户正在使用视频彩铃服务。可以说,裸眼 3D 视频彩铃业务正释放着庞大的蓝海空间。联通在线沃音乐创新打造裸眼 3D 视频彩铃,丰富视频彩铃展现形式,增加视频彩铃多样玩法,让人们打破时空的界限,正加速小屏超高清、强交互时代的到来。

第五节 5G 视频彩铃的合作方式

一、产品体系：两个主要场景 +N 种产品能力组合

（一）两个主要场景覆盖

针对被叫一方，视频彩铃可以提供规模曝光产品，被叫一方想要让对方看到什么样的内容，做到大规模、广覆盖的内容曝光。

针对主叫一方，视频彩铃可以提供精准投放产品，通过大数据和后台标签管理系统等，根据主叫一方的特点和标签，设定其可以看到的特定的视频彩铃内容，做到有的放矢。

（二）N 种产品能力附加

视频彩铃作为彩铃业务的升级版，在实际运用中凸显出其与传统媒体不一样的效果，获得很多企业和广告主的青睐，而视频彩铃也确实带给他们意想不到的传播效果。通过视频彩铃，可以附加 N 种运营商的产品，比如拨号盘、短信、5G 消息、大数据、屏幕交互、AI 内容合成、IP 内容、

推荐算法、权益等。

二、视频彩铃生态合作：多方携手共同打造高价值媒体

5G 视频彩铃正在改变"爱优腾"（爱奇艺、优酷、腾讯）、抖音、快手、B 站等主流视频平台主导的内容市场格局，成为长中短视频平台争相合作的伙伴。5G 视频彩铃作为一款全新产品，能在短短几年积累数亿用户，很重要的一点是视频彩铃上线后便在开放生态下多方共同推进。

视频彩铃生态合作，目前主要集中在三个方面：

- 内容制作：与内容制作伙伴积极探索适合视频彩铃内容创意设计，新创意/内容推广；
- 媒体合作：媒体资源/用户资源互换，视频彩铃与现有媒体结合，打造新玩法；
- 联合推广：依托运营商资源，为联合推广视频彩铃产品提供全方位支持，达到运营商与媒体的共赢。

作为 5G 黑科技应用，视频彩铃自 2018 年诞生以来，持

续在产品功能、用户体验及规模上突破创新。从全面屏到超高清视频彩铃,再到刚刚完成全网工程建设的彩振合一新功能,其技术能力及应用场景日趋成熟。

5G视频彩铃是自带巨量用户的视频聚合平台,不管是从用户体量,还是从内容分发量来看,5G视频彩铃都已经成为一个颇具影响力的视频内容生产聚合平台,也是视频内容生态链上的平台、企业必须加速抢占的视频内容流量入口。视频彩铃生态的各合作方,将在互动内容开发、内容版权、全IP开发、视频彩铃、5G应用场景探索等方面展开深入合作。

针对内容创作者,将通过现金补贴、流量加持、导师培训、CP收入分成等扶持模式,发展、培养更多优秀的独立视频彩铃创作者。内容创作者由此获得成长和内容变现渠道,而5G视频彩铃也将打开更具活力的原创未来。

针对媒体平台,5G视频彩铃一直致力于与其进行内容合作,广开内容来源通道。

例如,2022年1月,人民网科技(北京)有限公司(以下简称人民科技)携手中国联通共建"新闻快报主叫彩铃"业务正式上线。未来双方将基于该业务发挥各自在内容、技术领域的优势,联合打造媒体传播新模式,让主流媒体借助渠道传播热点、服务人民。

第三章 AI+5G 视频彩铃：开创时空营销新模式

2022年虎年新春，人民科技与中国联通视频彩铃联合推出"新闻快报主叫彩铃"创新模式，供用户免费体验，用户可以自主设置人民网新闻快报视频彩铃，拨通电话时即可看到最新的国内外热点新闻，感受身临其境的极致体验。

人民科技作为人民网唯一技术子公司，全面负责人民网内容聚合分发业务，专注大数据、人工智能及区块链等新技术融合应用，打造"智慧聚发平台"，搭建"技术＋内容＋运营"智媒生态。人民科技致力于探索内容科技与各行各业的深度融合，此次与中国联通视频彩铃的业务合作是双方积极探索5G环境下媒体融合纵深发展的一种全新尝试，将增加技术赋能内容产业的更多可能性，呈现新技术给媒体传播带来的全新价值。

视频彩铃与媒体平台的合作升级，主要面向两大方面：一方面优化合作机制，拓宽合作范围，为更多互联网平台、更多垂类内容提供分发渠道；另一方面则通过开展更多内容IP、体育赛事、文创文博联运等合作，帮助媒体平台提升在5G视频彩铃领域的内容价值挖掘能力。

由此也可见，5G视频彩铃不仅能成为媒体平台的分发伙伴，还能成为IP创作方的成长、运营伙伴。整个内容产业链上，只要有内容流量增长需求和IP价值变现需求的媒体平台，就都可以积极开拓 5G 视频彩铃这个新渠道。

针对终端合作伙伴，此前 5G 视频彩铃已经完成适配多个品牌产品型号终端的基础架构，并为尝试为三星、OPPO 等终端合作伙伴员工设置了终端品牌广告代言铃，通过视频彩铃新媒体，做强产品代言传播圈。

未来在广告彩铃合作板块，5G 视频彩铃将借助大数据分析，为终端品牌搭建从定向投放拉新到用户资产精细化运营全链路，同时通过与更多终端品牌合作打造主题商店、版权定向输出与共享收入分成，进一步实现双边互助。

5G 视频彩铃能为终端伙伴做广告，同样也能为更多政企机构做宣发。针对更多行业领域的企业用户，5G 视频彩铃已成为高效宣传工具。比如，河北唐山市公安局"反诈宣传"、中国农业银行"惠农 e 贷"等项目，都已尝新 5G 视频彩铃宣发渠道。未来，5G 视频彩铃还将为这一部分用户提供更适用的定制化宣发。

不管是对于终端合作品牌，还是对于外部政企用户而言，5G 视频彩铃都可成为助其撬动私域流量价值的又一新工具——每一个通话者都能成为一个 KOC（关键意见消费者），通过 5G 视频彩铃内容传递品牌信息，影响其私域范围人群。

三、视频彩铃品牌推广策略：限量开放 & 战略合作

1. 限量开放

产品体验限量开放：限定行业开放、选取各行业内 TOP 级客户进行产品体验，打造视频彩铃各行业标杆案例。

2. 战略合作

视频彩铃产品战略合作：运营商与品牌方签订视频彩铃产品战略合作框架，两方资源共同投入。

3. 特定功能 + 媒体服务

视频彩铃产品特定功能定期开放，首批体验。

营销服务团队全方位服务，面向品牌提供年度营销策划、创意设计及运营服务。

四、视频彩铃的合作布局与发展建议

（一）加强与政企之间的业务联系

视频彩铃自带的短视频属性，对于企业而言，可以看作是企业文化宣传的一个新渠道，同时也对新产品、新技术、新业务起到一个展示和推广的作用；对于政府而言，是一个传播时政要策、党章教育和展现城市形象的新窗口。

在与政府的合作方面，中国联通与江西省政府达成合作，为其发布了 AI 城市名片的视频彩铃，吸引了众多媒体和用户的关注。用户可以通过与南昌绿地中心双子塔、八一南昌起义纪念塔、南昌之星摩天轮、滕王阁、奥林匹克体育中心、三清山等江西地标进行合拍，实时生成短视频雏形，然后通过个性化的 DIY 设置后，最后一键生成属于自己的视频彩铃。

个性化定制的家乡"城市名片"能让更多人领略家乡风采，了解家乡文化。该产品已成为当前各个城市的重要创新"宣传窗口"。广州越秀区也携手联通的 4K+VR 虚拟演播厅定制了多个越秀系列 AI 城市名片视频彩铃，让用户通过设置视频彩铃，为越秀代言，为广州代言，网红化地呈现广州的大城市形象和千年商都的文化底蕴。在满足用户深层次个性需求的同时，城市名片的视频彩铃更展示了各城市的独特形象，用 5G 视频彩铃赋能城市发展，糅合了传统文化宣传和新时期数字化宣传。

上述这些都是视频彩铃与政企合作的例子，为政企提供了推广和经营的新思路。

（二）制定相关行业标准与细则

《网络短视频平台管理规范》和《网络短视频内容审核标准细则》的发布，对短视频平台应当履行的版权保护责任和视频审核标准进行了详细规定。视频彩铃也应该制定相关的行业标准和细则去衡量和判断视频内容的客观性和真实性，有了具体的法则监管，作为视频彩铃的运营商也要对上传的视频内容进行严格的监管，坚决把法规和细则落实到位，莫让歪风邪气干扰这一"涉世未深"的产品。

（三）改变传统商业模式

运营商传统的商业模式，都是各自为政，互相竞争，开放程度不高。目前三大运营商的视频彩铃业务也是如此，仅限本网用户使用，如果想做大视频彩铃市场，运营商应该以更加开放的姿态合作，在 5G 环境下，实现视频彩铃的互联互通；同时学习短视频模式，培养打造视频彩铃网红，通过网红为客户代言，利用流量助力卖广告和带货，反哺运营商，同时网红的出现也会形成跟风效应，使更多人投身其中，从而提高人数规模，运营商也可以摆脱依靠月租作为视频彩铃业务收入的单一来源。

5G 视频彩铃利用"短视频"，可打造成具有完整互动能力和直达商业的短视频，与其他短视频平台不同，不仅可以使用算法，还具有主动与被动的双重能力，具有更强的媒体属性和传播能力。

5G 视频彩铃让用户感受万物互联时代虚实结合的深层体验，提升企业品牌形象，利用通话前黄金时间，精准投放，扩大企业宣传，是一项强有力的宣传利器。可服务于个人、企业、政府机关，不仅能满足大众的个性化需求，更能满足企业和政府机关的宣传推广需求。

目前，三大电信运营商现已开启全国招商加盟渠道，诚邀各大广告服务商的加入，共拓全国市场，共享时代红利。

第六节　AI 赋能 5G 视频彩铃的个性化与智能分发

在 5G 时代，视频彩铃已然成为营销传播领域的一个全新工具。其不仅承载了传统彩铃的沟通功能，还因视频媒介的可视化特性而焕发出更大的传播潜力。更重要的是，当 AI 与 5G 技术深度结合，视频彩铃的价值被进一步放大。AI 赋予了视频彩铃在内容创作和分发中的智能化能力，让其从单纯的内容展示工具，进化为精准、动态的传播媒介。这一变化不仅提升了用户体验，也为品牌营销开辟了全新的可能性。

一、AI赋能个性化视频彩铃内容创作：从模板化到高度定制化

在传统的营销传播模式中，视频彩铃的创作往往需要专业团队通过复杂的脚本设计、素材采集、视频剪辑等环节完成，这种模板化的生产方式尽管可以满足基础的推广需求，却无法满足多样化、个性化的市场需求。在5G技术普及的背景下，用户对内容的实时性、相关性和个性化要求越来越高，这为AI技术进入视频彩铃内容创作领域提供了绝佳的机会。

AI的引入，不仅解决了传统模式中创作周期长、成本高的问题，更通过生成式AI的能力，让内容创作进入了一个全新的时代。生成式AI的核心在于，它能够从简单的输入中快速生成高度复杂且符合需求的动态视频内容。在这个过程中，用户的创作过程被极大简化，而内容的丰富性与个性化程度却显著提升。

传统视频彩铃内容创作的模板化生产方式，虽然可以批量生产适配多种应用场景的内容，但这种模式存在显著的局限性。例如，品牌方需要为一次促销活动设计一段视频彩铃，通常需要经历主题策划、视频拍摄、后期剪辑等多个步骤。这不仅需要大量的人力和物力投入，还可能因为周期过长错失市场窗口期。而模板化内容的通用性，也难以满足用户对独特性和专属体验的需求。

AI 通过生成式算法颠覆了这一局限。基于 AI 的内容创作引擎可以快速处理输入信息，例如用户上传的一段文字、一张图片或一段音频，然后根据这些素材生成高度个性化的视频彩铃。例如，一位用户输入了"春日旅行推广"，并上传了一张风景照片，AI 可以立即分析出"春日""旅行"等关键词，结合风景照片生成一段动感十足的短视频。视频中不仅可以展现用户提供的素材，还可以通过算法自动优化画面色调、添加背景音乐和动态文字，从而形成一个内容丰富、视觉效果强烈的视频彩铃。

AI 的另一个显著优势在于，能够根据个体需求实现内容的高度定制化。在婚礼祝福、生日庆祝、节日问候等个人场景中，传统的视频彩铃创作方式显然无法满足用户"专属"的需求。而 AI 的强大生成能力，则让每一个用户都能够轻

第三章 AI+5G 视频彩铃：开创时空营销新模式

松拥有独一无二的内容。

例如，在节日期间，用户希望制作一段用于祝福亲朋好友的个性化视频彩铃。通过 AI 生成工具，用户可以上传一张节日装饰的照片，输入简单的祝福语，例如"新春快乐，愿你平安喜乐"，并选择一段充满节日氛围的背景音乐。AI 会自动分析输入的内容，将照片转化为动态场景，并将祝福语设计为流畅的文字特效，同时匹配适合的背景音乐与画面滤镜。生成的短视频，不仅具备专业的视觉效果，还充满了个人风格。这种高度定制化的创作体验，极大地增强了用户的参与感和内容的传播力。

品牌推广中，AI 定制化的能力同样展现出极大的价值。例如，一家食品品牌希望在中秋节推广其新品月饼礼盒，借助 AI 生成工具，品牌方只需提供基本素材，包括月饼的图片、品牌 Logo 和活动主题。AI 会自动生成一段围绕"团圆中秋"主题的视频彩铃，视频中展现了月饼的细节特写、动态的节日场景，以及活动优惠信息。生成的内容可以适配不同用户群体，例如针对年轻人的视频加入更多现代设计元素，而面向家庭用户的视频则强调温馨氛围。整个创作过程不仅快速高效，还显著提升了内容的相关性和吸引力。

生成式 AI 的优势不仅在于高效与定制化，它还为视频彩铃的内容创作开辟了全新的应用场景。例如，通过与自然语言处理（NLP）技术结合，AI能够理解并生成符合情感需求的视频内容。用户只需输入一些关键词，例如"感恩""鼓励"或"浪漫"，AI就能够生成符合这些情感表达的视频彩铃。系统不仅会根据关键词选择适合的画面风格，还会搭配相应的音乐和文字设计，使得视频内容更具情感渲染力。

在企业宣传领域，AI生成式技术则让复杂的创作任务变得更加简单。例如，某汽车品牌推出一款新车型，希望通过视频彩铃展示其核心卖点。品牌方提供了车型的图片和一段产品介绍文字，AI在数秒内生成了一段视频彩铃，其中不仅展现了车辆的外观，还以动态特效突出其智能驾驶、环保节能等卖点。通过这种方式，品牌能够快速制作出高质量的内容，并适配于不同的用户需求和场景。

AI赋能的个性化视频彩铃内容创作，不仅解决了传统创作模式的效率和成本问题，更通过高度智能化和灵活化的生成方式，让内容创作从以模板为中心转向以用户为中心的"共创"模式。这一模式让用户从被动的内容接受者转变为主动的内容创造者，极大地提升了视频彩铃的互动性与传播力。

未来，随着AI技术的进一步发展，视频彩铃的内容创作将更加智能化和多样化。例如，通过情感分析技术，AI 能够更加准确地捕捉用户的内在情绪，并以此为基础生成更贴合用户心理需求的内容。此外，虚拟现实技术的结合，也将为视频彩铃注入更多沉浸式体验。例如，用户可以通过 AI 生成动态的 3D 彩铃场景，不仅具备视觉冲击力，还可以与来电者进行虚拟互动。

AI 赋能的视频彩铃内容创作已经突破了传统模式的局限，正在通过更加高效、灵活和定制化的方式，重新定义内容传播的边界。在这一变革的推动下，视频彩铃不仅成为品牌与用户连接的桥梁，也为传播领域的创新提供了全新的动力。

二、智能分发：让内容在正确的时间触达正确的用户

在 5G 与 AI 技术的双重加持下，智能分发成为视频彩铃生态中的核心能力之一。从传统的批量推送到"千人千面"的精准推荐，智能分发不仅改变了内容传播的效率，也重塑了用户与内容之间的连接方式。它的关键在于，通过 AI 算法的深度学习和实时数据的分析，视频彩铃能够以最合适的内容、在最佳的时间节点触达用户。这种高效而精准的传播

方式，不仅提升了内容的商业价值，也为用户创造了更高层次的个性化体验。

智能分发的核心基础是对用户画像的构建与优化。在传统的内容分发模式中，视频彩铃的内容往往是统一分发给所有用户，缺乏针对性和差异化。无论是品牌推广的商业彩铃，还是节日祝福的个人彩铃，内容传播效果都受到"单一化策略"的限制。然而，AI 的引入让用户画像从静态标签化进化为动态、多维度的智能分析。

AI 通过采集用户的行为数据（如拨打记录、彩铃浏览和设置历史）、偏好数据（如兴趣爱好、消费记录）以及环境数据（如地理位置、时间段），可以构建出详尽的用户画像。例如，一位喜欢观看旅行相关视频的用户，可能会优先接收到旅行主题的视频彩铃推荐，而一个对科技产品感兴趣的用户，则可能更倾向于看到新款电子产品的广告视频彩铃。

这种精准内容匹配不仅提升了用户的接受度，也显著增强了内容的传播效果。例如，某电商平台利用 AI 技术为其视频彩铃分发系统引入了精准推送机制。当用户浏览过某款商品但未购买时，系统会通过视频彩铃向用户推送该商品的优惠信息，并搭配动态的推荐视频。这种高度个性化的推送模式让内容能够精准击中用户的需求点，从而有效提升了转化率。

相比于传统基于历史数据的分发策略，AI结合5G的实时数据能力，让智能分发在动态调整上具备了更大的优势。在5G网络环境下，用户行为数据能够毫秒级传输到后台，AI通过这些实时数据的处理和学习，可以快速调整内容分发策略。例如，当某类视频彩铃在特定人群中的点击率和观看时长明显上升时，AI系统会快速将该内容的分发范围扩大，并优先推送给相似画像的用户；反之，点击率较低或传播效果不佳的内容则会被逐步减少推送频次。

这种动态调整能力尤其适用于具有时间敏感性的内容。例如，在促销活动或节日营销中，品牌方往往希望在短时间内将信息快速触达目标用户。通过AI的实时分析，系统可以识别用户在特定时间段的行为特征。例如，在午休时间，AI可能会优先推送休闲娱乐类的视频彩铃，而在通勤时段，则以促销类内容为主。这样一来，不仅能够提高内容的打开率和传播率，还能够避免内容与用户需求脱节的问题。

地理位置和场景感知的智能优化

5G网络的低时延和大规模连接能力，为智能分发引入了更多的场景感知维度。通过对用户地理位置的实时监测和分析，AI系统可以进一步优化内容的分发策略。例如，一位用户在旅行时拨打某景区电话，系统会自动为其推荐该景区的介绍视频彩铃，内容包括景区亮点、游玩路线和门票优惠等。与此同时，若天气突然变化，系统还可以动态调整内容，例如推荐室内景点或其他替代活动。

这一功能在零售行业中也有显著应用。例如，当用户进入某个购物中心时，AI系统通过地理定位识别用户的当前所在区域，并向其推送该购物中心的优惠信息视频彩铃。这种场景感知的智能分发模式，不仅让内容与用户的环境需求高度契合，还能够显著提升内容的商业转化效率。

除了用户画像和场景感知，情绪识别也是智能分发的重要突破方向之一。AI通过分析用户的语音语调、拨打电话时的行为模式等，能够推测用户的情绪状态，并以此为依据选择合适的视频彩铃内容。例如，当AI识别到用户情绪低落时，系统可能会优先推送积极向上的激励类视频内容；而当用户表现出愉悦情绪时，则推荐轻松幽默的彩铃内容。这种基于情绪的内容分发模式，不仅能提升用户的体验满意度，还能够让品牌与用户之间建立更加深层次的情感连接。

随着AI技术的持续优化与5G网络的全面普及，智能分发的能力还将进一步提升。未来的智能分发系统，不仅能够实现基于实时数据的精准推送，还将具备更强的预测能力。

例如，通过对用户长期行为数据的深度分析，AI 能够提前预判用户的潜在需求，并主动推送相关内容。这种"未雨绸缪"的分发模式，将让内容传播更加高效。

此外，智能分发还将在多模态感知技术的支持下，进一步提升对用户需求的理解。例如，未来的视频彩铃系统可能会结合语音、视觉甚至生物识别数据，形成更加全面的用户画像，从而实现更加智能化和人性化的内容分发体验。

AI 驱动的智能分发正在以无与伦比的效率和精准度，重塑内容传播的模式。它不仅帮助品牌方更好地触达用户，也让用户在海量信息中，获得了更加个性化和贴合需求的内容体验。这种"内容与人"的完美结合，正是 AI 与 5G 时代的最大魅力所在。

三、AI 赋能视频彩铃的未来

AI 技术的赋能，正在让视频彩铃从单一的内容展示工具，蜕变为品牌传播、用户互动以及多场景应用的重要桥梁。通过 AI 对个性化内容创作与智能分发的深度支持，视频彩铃突破了传统的"静态内容"模式，转向智能化、动态化和场景化的全面升级。这种革新不仅使企业得以打造更加高效、精准的传播模式，同时也为用户提供了丰富多彩、贴合个性化需求的视听体验。

  AI 赋能的视频彩铃，为品牌与用户之间搭建了一座更深层次的情感连接桥梁。传统的传播手段往往面临内容单一、触达效果有限的问题，而 AI 技术通过精准的用户画像分析、情感感知以及实时数据处理，能够为每位用户量身打造独特的视频彩铃内容。这种个性化的传播模式不仅大幅提升了用户的接受度，还通过情感共鸣增强了品牌的影响力和亲和力。

  无论是电商行业的精准推荐，还是文旅行业的沉浸式体验，AI 驱动的视频彩铃都在助力品牌以更加生动、自然的方式融入用户的日常生活。这不仅让用户在每一次电话接通时都能感受到内容的趣味性与实用性，也让品牌方通过微小而频繁的互动积累了长期的用户忠诚度。

  在 AI 和 5G 技术的支持下，视频彩铃正从一个单纯的传播工具，逐步发展为覆盖多领域、多场景的智能平台。通过结合实时情境感知、情绪分析和虚拟现实技术，视频彩铃正在深刻影响各行各业的服务模式。未来的应用将不仅局限于品牌营销，还将在文旅、教育、医疗、公益等领域创造更广泛的社会与商业价值。

第三章 AI+5G 视频彩铃：开创时空营销新模式

例如，在文旅行业，视频彩铃已经开始通过个性化导览视频为游客提供更精准的出行建议；在教育培训领域，它正在成为移动化学习工具，通过碎片化场景增强学习效率；而在健康医疗和公益传播中，它更是以精准推送和互动设计，帮助用户快速获取关键信息。这些场景化创新，不仅提升了视频彩铃的价值，还为企业和社会提供了全新的解决方案。

AI 赋能的视频彩铃已经开始突破传统传播模式的边界，以其高效、灵活和智能化的特性，重新定义了内容创作和用户互动的方式。它不仅让品牌方能够在纷繁的信息时代，以更精准的策略触达用户，还让用户在日常通信中，体验到无处不在的个性化与情感连接。

未来，视频彩铃将在技术与创意的共同推动下，成为传播与互动领域的重要支柱。从品牌营销到社会公益，从商业场景到文化传播，它都将以不可或缺的角色持续创新。视频彩铃不仅是 AI 与 5G 技术结合的典范，更是推动传播模式与用户体验迈向智能化新时代的重要力量。

第四章
AI+5G 视频彩铃的十大行业应用及案例

第一节 公益彩铃：不只是通话，更是一种公益传播新形式

一、视频彩铃的"流量向善"

在"互联网+"的背景下，公益事业也呈现出新的特点和面貌，5G视频彩铃提供了一个可复制性的公益传播新范式：从"传统公益"到"指尖公益"，以5G技术为依托对现代公益模式进行创新、改造和探索。5G视频彩铃充当了人们善意的"催化剂"，通过新颖的形式、丰富的趣味、广泛的人际传播等特点，让更多普通的用户，用一个最简单的通话动作，成为公益的发起者、接收者与传播者。

视频彩铃这个运营商把控的平台，可以像短信一样，触

达每一位用户。因此，政府可以用它来进行公益宣传。比如，新时代的价值观传递，如果仅仅通过短信宣传，内容有限且枯燥，如果使用视频彩铃的话，所有用户打电话的时候都能看到，效果也更好。

视频彩铃只需用户一键订阅，即可在通话接听前传递希望，为公益行动贡献一份力量，这让很多曾经苦于公益参与"高门槛"的用户，也能以高效、便捷的方式参与到公益事业中，为"人人公益"提供了全新思路。

二、开启"5G+公益"新模式

围绕党和国家的重点方针政策，视频彩铃在开展公益宣发传播方面，已凸显媒体宣发价值。5G视频彩铃通过充分利用通话前的"黄金15秒"，以便捷的渠道、高效手段、广泛且精准的覆盖传递了正能量和新时代的价值观，毫无疑问既体现了运营商的社会责任担当，凸显了媒体宣发价值，也顺应了国家政策层面推动融媒体发展的大趋势。

在新冠疫情期间，5G视频彩铃全面展现了5G的速度与能量。在全面战"疫"期间，运营商率先在湖北、广东、上海等地上线视频彩铃，并联合学习强国、人民网、新华网等权威媒体，发起"共抗疫情·传递爱与信心"的活动。并在第一时间配合中华人民共和国卫健委、中华人民共和国交通运输部、医院等有关部门，免费为每位员工开通5G视频彩铃，让每一通电话都是一次防疫知识的传播，让每一份关爱都成为传达对战胜疫情的支持与信心。值得一提的是，公益防疫视频彩铃累计传播超过一亿次。一条条十来秒的视频彩铃，传递的不仅是抗击病毒的科学防疫知识，更是直击人们内心的温暖关怀。

总而言之，视频彩铃在公益宣传方面，具有很大空间。通过视频彩铃的形式去传播更多的公益活动，让每一块手机屏幕如同星星点点的微光，最终转化成强有力的能量，共享和谐共建美好。

三、案例介绍

（一）5G彩铃抗疫公益专区 助力防疫科普传播

在抗击新冠疫情期间，5G视频彩铃作为"黑科技"也第一时间投身到抗疫传播中来。为响应疫情防控工作，中国联通面向全国个人用户免费开放视频彩铃业务，联通在线沃音乐还推出"合力战役·中国加油"5G彩铃公益专区，将疫情相关信息以视频形式推送到每位用户手中，利用人们在拨打电话等待接听的碎片时间，对疫情有更全面的了解，让党和政府的声音，疫情防护引导，疫情常识普及，直达一线、进入千家万户。

联通在线沃音乐抗疫专区由沃音乐携手央视网、人民网、新华网、光明网、《环球时报》、抖音、快手、腾讯、哔哩哔哩等合作方共同打造。专区包括三大板块内容：战"疫"部署版块，用户可以第一时间了解中央及政府对疫情做出的决策部署；疫情播报版块则为用户提供了包括患者出院后的感受、白衣天使的奋战情况、物资捐赠及发放情况等一线消息；科学防疫版块有钟南山等诸多专家学者对疫情的解读、生活小贴士、如何区分普通感冒与疫情感染等与用户防疫息息相关的内容。

联通在线沃音乐抗疫 5G 彩铃公益专区内容全部免费，广大用户可以扫码或通过沃音乐 App 进入专区进行设置。设置完成后，亲朋好友来电时，即可观看自己设置的抗疫主题视频彩铃。

发挥移动互联网优势，打造公益广告宣传品牌。在公益音乐方面，中国联通沃音乐 App 内 5G 彩铃全部开放免费设置，累计播放量 2.1 亿次，5G 彩铃公益专区点击量累计 97.1

万次，5G 视频彩铃产业发展已取得了耀眼的成绩。

联通在线沃音乐还携手多名歌手推出了"抗击疫情，共渡难关"彩铃公益专区，公益专区内共收录了数十首公益歌曲，包括沃音乐联合四川省音乐家协会推出的原创抗疫歌曲《@亲爱的》《爱的阳光》，还有胡海泉、好妹妹、宋秉洋等知名歌手艺人倾情献唱的公益歌曲，用带着温度的旋律鼓舞士气，歌颂美好。

（二）盲童朗读专题视频彩铃，点亮盲童梦想之光

世界上有这样一群特殊的孩子，他们因先天疾病或后天事故失去光明，从此陷入无边的黑暗世界中。为了让更多视障儿童青少年感受生活的美好，联通沃音乐、华韵之声、福万家基金联合发起了"盲童朗读，让爱发声"公益项目，带领众多盲童用声音丈量世界，以朗读点亮"黑"世界的梦想之光。这项公益项目启动之后，在 2 个月的时间里，就收到超 1000 份捐款记录，近 700 人参与其中，成功募捐善款近 4 万元。

为进一步扩大盲童慈善项目影响力，联通沃音乐以视频彩铃为媒，构筑起爱的桥梁，推出盲童朗读专题视频彩铃。当盲童以稚嫩的声音一句句念着："我的春天和你不同，我

只能每天闻着花儿的芬芳,用花开的声音去判断我和春天的距离。"将伴随一次次通话等待传向全国,让公众聆听这充满希望的声音,一睹盲童奋发向上、自信自强的风采。

5G视频彩铃拓宽了社会公益事业的新路径,公益也如同一涓甘露,在施恩于他人的同时,也在反哺企业,巩固文明宣传阵地。

第二节　党政宣传:助力党政宣传,打造党建宣传新阵地

如何做好新时期党政宣传工作,提升党的建设影响力并做好贴近人民群众宣传,是各级政府党政宣传工作关注焦点,随着5G的逐步建设,视频彩铃的运用场景也更加多变,党建宣传工作也恰好可以利用好视频彩铃这一趋势。

利用企业视频彩铃"强覆盖精准宣传"特性,实现政府官方热线电话及党员干部手机终端实时统一的党政内容宣传。更好地助力各级政府贯彻落实变"被动联系"为"主动服务"的服务方针,增强信息对称性和实时性,实现宣传内容精准、宣传主体精准、宣传方式精准的宣传目标。

"从群众中来到群众中去"，5G 视频彩铃由于具备原生终端支持－通话中播放短视频特性，助力政府客户实现与人民群众"零距离"宣传。支持不同党政部门分组设置差异化的视频彩铃内容，具备一对一精准推送功能。可以完美落实各级党政单位将"被动联系"变为"主动服务"的服务方针。

进入 5G 时代，在 VR/AR、AI、大数据等技术的助力下，传统党建工作逐步向智慧化、数字化发展，党史学习、党建宣传工作从平面走向立体，从传统走向创新。

党政单位可以通过企业视频彩铃新媒介，精准传播党政工作重点及要点，弘扬党政文化。党政客户基于免费权威内容应用，增强信息对称性及实时性，着力打造党建视频彩铃，实现宣传内容精准、宣传主体精准、宣传方式精准的宣传目标。

一、视频彩铃党建名片，一键呼叫红色历史

中国联通视频彩铃联合新华网、人民网、央视网等多家央媒推出视频彩铃党建名片。视频彩铃党建名片基于视频彩铃主叫、被叫功能，以初心向党为核心，深度聚合党史大事件、党史精神、红色影视作品＋歌曲、先锋人物精神等党建

音视频内容。

中国联通党建名片结合视频彩铃产品属性，利用通话等待的碎片时间，把党建音视频内容推送至终端，将每一次通话等待转化成为一次党史学习过程。产品库中党建相关的音视频彩铃内容丰富，可以根据用户订阅的主题每日更新。而党建名片的产品开发是以初心向党为核心，内容包括光辉历史、红色记忆、时代先锋、美丽中国四大版块。

在光辉历史版块中，通过选取如新中国成立、港澳回归祖国等中国共产党光辉发展历程中的重要历史时刻作为创作素材，精心制作成一首首视频彩铃的党史专辑，带来开拓前进的勇气和力量。

在红色记忆版块中聚合红色经典影视作品以及红色歌曲，通过影视作品展播、红色歌曲传唱来筑梦红心，礼赞百年，传承红色基因。

在时代先锋版块中，通过视频形式传唱脱贫攻坚楷模、抗疫英雄、历史英雄的先进事迹，解锁决胜密码，成为"他们"的样子。

在美丽中国版块中，以红寺堡的答卷等为主题，突出展现"建设美丽新农村、建设美丽新中国"精神，积极宣扬我国脱贫攻坚战取得的全面胜利成果。

党建视频彩铃实现全体党员真正聆听历史回声,汲取前进力量,学在前干在先,带领用户穿越时空悟初心,为建党百年华诞献礼。站在2021年党的百年历史新起点,中国联通集团产品中心把"办实事"与"开新局"有机贯通起来,充分发挥党员先锋模范作用,推动党建与业务深度融合,创新开启5G红色教育的新玩法与新体验,打造党史学习宣传的新窗口,积极推进党建教育,以高质量党建引领并保障高质量发展。

赋能党史学习教育,中国联通构建党政宣传新阵地。中国联通积极探索视频彩铃在党建宣传、科普宣传、公益宣传等方面的应用,创新正能量的传播形式,参与国家文物局"革命文物保护利用宣传活动月",以视频彩铃为媒介,展示一件件革命文物,充分发挥革命文物在党史学习教育、革命传统教育、爱国主义教育等方面的重要作用。

二、视频彩铃话百年党史 开拓党史学习教育新模式

在建党100周年之际,为充分发挥革命文物在党史学习教育、革命传统教育、爱国主义教育等方面的重要作用,中国联通积极参与国家文物局"革命文物保护利用宣传活动

月",推出党史主题视频彩铃。

联通手机端用户可通过免费设置,让拨打电话的亲友能在等待接通的时间里看到"建党百年·点亮红色足迹"的专题公益彩铃,更加直观、生动地领略党和国家的崭新风貌。从上海一大会址到南昌起义总指挥部,从延安宝塔山到北京香山双清别墅,党史主题视频彩铃的推出,让广大用户在饱览祖国大好河山、回顾党的百年历史的同时,进一步推动了科技与党建工作的相互融合,为党史学习教育再添新模式。

中国联通打造的系列党史主题视频彩铃,让革命文化、革命精神深入人民群众的心中。今天的繁荣昌盛,离不开先辈的奋斗付出。中国联通推出的党史主题视频彩铃,围绕建党百年长河中的重要历史时刻,展现革命旧址当年与现今的风貌对比,通过"传统"与"现代"的视觉碰撞,彰显其日新月异的新气象,让历史以更加鲜活的形式呈现在人民群众面前。

中国联通依托创新技术,以视频彩铃为媒介,打造革命文物展示传播新路径,充分用好丰富的革命文物资源这一党史学习教育生动教材,形成强互动、高趣味的党史宣传新窗口,在潜移默化中引导党员干部、人民群众学史明理、不忘初心,增强民族荣誉感、自豪感,从历史中汲取砥砺前行的精神动力。

聚焦产品数字化创新，开拓党史学习教育新模式。为拓展"党建联建"多元化发展，中国联通发布 5G 视频党建系统，通过 AR 智慧党建沙盘、VR 党建学习机、XR 党建工作站、党员政治生活馆等多平台赋能，切实让党建内容更鲜活、党建手段更智慧、党建效果更显著。

与此同时，中国联通特别推出了建党百年献礼之作，5G 视频彩铃党建专题《建党百年不忘初心，跟着党走》。通过选取中国共产党光辉发展历程中的每一个重要历史时刻作为创作素材，精心制作成一首首视频彩铃的党史专辑，创新开启 5G 红色教育的新玩法与新体验，打造党史学习宣传的新窗口。

第三节　城市文旅：助力城市宣传，打造文旅宣传新阵地

随着 5G 技术的普及，文旅宣传也有了更多的表现形式及展示平台。其中，文旅 +5G 视频彩铃就为文旅宣传提供了新思路。5G 视频彩铃是基于通话场景下的高清视频展示，集

合了语音通话、短视频、音乐等多个元素，能为游客提供视觉、听觉等多重体验。得益于5G网络高速率和低时延的特点，5G视频彩铃还可以让游客更逼真地感受高清流畅的画面效果。

一、借力5G视频彩铃，打造地方文旅种草机

与其他短视频随机播放的形式不同，视频彩铃是在通话等待接听的时间内，让人看到一段高清视频。此时，人的注意力高度集中，更容易对看到的视频内容留下深刻印象。设置视频彩铃之后，每一次通话，都将会是一次地方文旅的宣传。通过视频彩铃的超便捷、高频次、广传播带来的这种高曝光率，文旅宣传效果将呈几何倍数级放大。

在"新基建"背景下，视频彩铃利用5G黑科技的技术优势为文旅产业赋能，不断探索智慧文旅新场景，加速文旅产业转型升级，推动文旅产业高质量发展，撬动文旅新消费市场，助推双循环发展新格局。

应对信息碎片化的传播挑战，视频彩铃作为"5G时代的超级传播场"，为文旅产业主体找到了更为高效的传播渠道、展示平台。

智慧文旅是运营商 5G 应用重要的落地场景之一，智慧文旅借助各种"5G+旅游"新玩法、新体验，打开了智慧文旅的新世界。近年来，几大运营商纷纷布局智慧文旅 5G 场景。《2021 中国智慧文旅 5G 应用白皮书》提到，5G 视频彩铃已逐渐成为旅游目的地营销的新工具。

在新的传播环境中，文化传承面临着信息孤岛的困境，往往脱离于社会大众之外。尤其是旅游业在疫情影响下遭受重创，为了有序地复苏旅游经济，视频彩铃给出的解决方案是，结合 AI、VR 等各种创新技术及文旅产业特征，催化更具技术化、情感化、趣味化的视频彩铃场景式体验。

二、5G 视频彩铃，揭开文旅宣传"新篇章"

对于文旅行业来说，企业视频彩铃是匹配度极高的宣传利器。想要更好地展示景点，视频远比图文更生动，给人以身临其境之感。短视频的模式，也更符合当下人们碎片化的观看习惯。更关键的是，企业视频彩铃依附于运营商，不存在像电视广告、网络广告等被略过不看的可能性，景点的魅力可以更好地传递给通话者，实现通话即推广。

目前，越来越多的旅游城市和景点已经在选用企业视频彩铃作为"自我"推介者了。随着大众认可度越来越高，企业视频彩铃已经成为更多城市文旅事业的宣传窗口，为城市品牌打造、文旅项目宣传提供了强大助力。

对于智慧文旅乃至文化产业而言，电信视频彩铃的价值升级，为人文艺术的传承与创新做出了积极的探索，为新时期的产业变革提供了传播的新舞台，带来传播的新形式，革新传播的新思维。

视频彩铃以沉浸式的视听体验，创新的AI、AR技术让文化传承的过程不再是被动接受，在电信视频彩铃的赋能下，跃然于屏幕的文化正以全新的方式走进亿万国人的生活。

三、案例介绍

（一）裸眼3D视频彩铃让世界更精彩

依托裸眼3D场景建模、合成渲染等技术，中国联通对视频彩铃的交互观感进行沉浸式焕新升级，为用户带来在超高清视频彩铃基础上丰富多元的升维体验。视频彩铃将裸眼3D从城市各大荧幕带到手机端，是一次新的探索，也为其注入新的活力，营造出传统彩铃不能提供的视觉奇观。

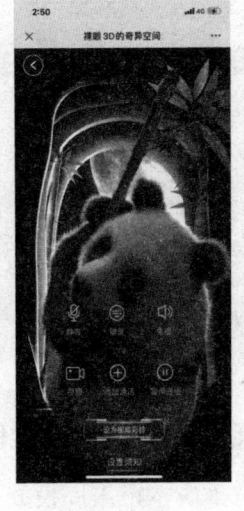

第四章 AI+5G 视频彩铃的十大行业应用及案例

在第十八届中国西部国际博览会上，联通在线沃音乐正式发布了"视频彩铃 AI 城市名片"，吸引了众多参观者驻足。不少观众与八一南昌起义纪念塔、奥林匹克体育中心、三清山等城市地标的合拍，实时生成视频，进而一键设置成为自己的视频彩铃。

视频彩铃城市名片以浓郁人文为内容，以视频彩铃为媒体，向参观者展示全国各地的城市特色人文历史、自然风光，成为构建城市文旅宣传新窗口。个性化定制的家乡"城市名片"也让更多人领略家乡风采，了解家乡文化，为家乡代言。

（二）推广特色旅游 5G 新通信硬核触达传播

在入冬节点针对重庆本市人民投放视频彩铃宣传广告，主打重庆市丰都南天湖项目的温泉旅游特色，积极响应国家疫情防控政策，吸引本地游客省内游、一日游。

利用国庆档期间放大全国宣传范围，投放期间收到 100 万次以上的按键有效点击，总覆盖用户 2000 万人以上，覆盖全国市场的三网曝光，重庆当地领券率超 1.8%，为各大温泉景点带来实实在在的曝光效果。

不仅如此，中国联通携手武汉大学开展"去武汉，赴一场樱花约会"宣传活动樱，投放内容融合了图文、视频、H5 等多种媒体形式，通过 5G 视频彩铃传递信息。此次活动吸引了全省乃至全国游客赴武汉赏樱花，尤其是在樱花开放最佳观赏时间 3—4 月，带动后疫情时代武汉旅游业的复苏。

受武汉樱花季热点影响,"相约春天去赏樱"视频彩铃点击率猛升,实现滚雪球式的传播。投放期间收到5.6万次以上的按键有效点击,参与进入H5活动页面达到1.8万人次,实现高效转化。与此同时,5G慢直播也成为公众足不出户就能看到美丽风景的重要方式。

一方面,游客可以根据这些画面了解景区的情况,选择旅游的地点和参观的具体景点,然后按图索骥,去领略现实中的美景。另一方面,即便不能去往现场,或者不能按时到达现场,也可以通过这种科技手段在网上欣赏目的地的美景,减少遗憾。

(三)5G 视频彩铃一触即达 文旅行业实现智慧化升级

5G视频彩铃为景区员工统一设置企业视频彩铃,让每一通来电,都能统一展示景点形象,直观了解旅游信息,遇上优惠活动时,能更高效地进行信息传播,快速拉近企业与用户的距离,借此进行精确、高效的营销。让宣传不再是枯燥高深的讲述,而是让景色活起来,与用户玩到一起。

还有,将自然风光融入5G视频彩铃中,用科技为旅游产业赋能,创新推广,给整个旅游产业提供了新的推广思路;另外,用户可通过视频彩铃活动轻松参与各种互动,把内容和创新交互形式合二为一，拓展了从"看"到"秀"一站式内容社交新场景，在旅游文化消费场景中实现双向赋能，带来全新的 5G 短视频互动体验。

以 5G 为代表的数字科技与文化旅游产业融合发展，有利于提升产业效率、优化产业结构、增强产业发展动能、实现产业高质量发展，是数字中国建设的重要内容，也是"十四五"时期文化和旅游产业发展的重要方向。

而 5G 彩铃、5G 消息为主的新一代 5G 应用将为文旅行业扩展更多营销渠道。其中，5G 消息将带来全新的人机交互模式，用户在终端原生消息入口内即可完成服务搜索、发现、交互、支付，获取一站式的多媒体体验。通过 5G 彩铃、5G 消息，管理机构、景区、商家可将公共和商业服务信息直接送达用户，游客也可以通过 5G 消息的目录服务功能，以类似在线平台、应用商店的方式，实时获取景区提供的所有智慧服务。

第四节 体育赛事：面向品牌传播提供场景化服务，差异化媒体价值

移动互联网时代，科技的飞速发展时刻改变着人们的日

常生活，更重塑了体育产业的风貌。作为当前最炙手可热的黑科技之一，5G 这一新技术正以前所未有的变革之势赋能体育，让传统体育在科技的助力下焕发出勃勃生机。

我国智慧体育消费市场体量持续增大，其优势主要有两方面：在供应端，我国网络技术能够为多种体育业态提供支持，包括 5G 技术和多种形态的数字平台；在需求端，我国拥有世界规模最大的线上消费市场，其中，网民人数超过 11 亿，人均每日在线时间超过 6 小时。

如今，随着 5G 兴起，云媒体、云直播正在迅速演变。自 2022 北京冬奥会开幕以来，联通在线沃音乐发挥音视频输出技术优势，从视频彩铃多元内容、社交互动新玩法、虚拟主播赋能播报、综艺节目拓展等多方面角度策划，多维度激发冬奥宣传能量，助力带动 3 亿人参与冰雪运动。

一、多元冬奥视频彩铃，引爆全民宣传

作为国际性的重大体育赛事，2022 北京冬奥会吸引了来自全世界的目光，同时也点燃了全民"冰雪梦"。中国联通视频彩铃充分挖掘冬奥元素内容，结合 5G 短视频技术，陆续推出"冬奥之声·逐梦冰雪""冬奥之约·冬奥印象""冬

奥之约·全民冬奥"等冬奥铃音内容。

中国联通打造全新社交玩法，推出"冬奥之梦奥视未来"视频彩铃专题活动，带领用户实时观看赛事精彩集锦，用户还可将喜欢的精彩瞬间设置为视频彩铃，让每次呼叫等待成为奥运精神的传承。

中国联通视频彩铃多元助力冬奥宣传。一方面，面向全民宣传冬奥场馆、冬奥音乐、冬奥吉祥物等元素，在普及冬奥知识的同时，进行冬奥预热宣传；另一方面，在冬奥隆重开幕后，以视频彩铃为媒介，传递实时赛事进程，传播奥运健儿夺冠、比拼的高光时刻。

不仅如此，联通在线沃音乐还官宣中国联通视频彩铃虚拟冰雪大使安未希。通过自有数字人IP安未希及动作捕捉等技术，结合冬奥六大项目，输出原创三维动画视频，上线沃音乐先锋号及视频彩铃，抢占冬奥期间元宇宙数字人板块内容价值风口。

冬奥专题中，中国联通视频彩铃还融合AI、AR等技术，加码升级5G视频彩铃新玩法。只需简单上传一张个人照片，用户就能获得置身冬奥场馆的神奇体验，完成冬奥合影打卡视频。不仅如此，依托AI合成技术，用户还可化身运动冠军，在视频彩铃中感受站上领奖台的巅峰时刻，沉浸式体验冬奥氛围。

目前，联通在线沃音乐已累计制作616条内容，并通过默认冬奥铃音设置，为视频彩铃用户设置冬奥优质铃音，吸引用户8878.6万人，累计播放3.1亿次，引爆全民助力冬奥宣传热潮。

二、助力冬奥品牌力量，打破营销空间

从2020东京奥运会到2022北京冬奥会，奥运会正成为品牌的竞技场。众多品牌通过不断突破和创新，加速了品效合一。奥运经济已经成为各大品牌提升全球影响力、品牌宣传力和市场竞争力的关键抓手。

北京成为第一个"双奥之城"，一系列的便利优势使得国人对北京冬奥会的观赛热情只增不减。在巨大的流量红利下，一时间各大品牌借助冬奥热点，竞相进行品牌产品等广告宣传，例如珂拉琪、inFace、诗裴丝等各大品牌通过"为冬奥运动健儿加油助威""为中国队加油打CALL"等富有话题性的内容引爆社交场，为品牌不断汇聚流量。

5G视频彩铃作为中国联通视频重要的一环，通过创新技术开发，在技术上实现了"快剪快发"，大大提升了传播

时效性，第一时间创造和引爆冬奥热点内容。内容上，中国联通以冬奥视频彩铃专区为承载，有冬奥多元自制内容、"种草"冬奥品牌产品等互动玩法作为内容供给，实现短视频内容的共享互通、精准定位与广泛传播。

三、走进全国高校，征集冬奥主题创意短视频

作为 5G 新文创领域的引领者，联通在线沃音乐专注推动文创内容生产，截至目前已经推出了"海纳 IP 计划""海纳耀星计划""海纳城市计划""海纳青春计划"系列原创激励活动，累计输出近万条优质短视频内容，为内容创作者提供超 2 亿激励流量，激发全民创作热情，推动"短视频+"产业融合，为品牌宣传、IP 孵化提供"教科书式"范本。

本次"燃动青春·喝彩冬奥"视频彩铃原创征集大赛正是"海纳青春计划"的重要分支。在最新推出的海纳青春计划中，联通在线沃音乐专注为全国高校学子提供强大的资源、平台扶持，挖掘青年种子创作选手。

无论是原创词曲，歌颂冬奥精神；编排舞蹈，诠释奥运风采；抑或展示自己"冬奥运动达人"的矫健风姿……只要你的作品有内容、有创意、有灵魂，同时契合"为冬奥加

油"的主题，都能获得流量、资金支持，让你的作品呈现在万千观众的眼前，参与到冬奥宣传工作中来，以自己的方式为中国奥运加油助威。

事实上，近年来国内顶级赛事纷纷借助技术变革力量来快速走上数字化征程，这不仅是紧跟当下社会发展的潮流，对于体育产业本身的发展而言也是一次重大突破。

疫情是体育产业向数字化转型的催化剂，从疫情蔓延之初，大多数体育企业就"寄居"线上，开启转型之路。正如我们所见，直播带货、线上电商、数字化成为各个细分领域转型中频频被提及的字眼。尤其从销售渠道到营销手段，各家都在数字化方向上显神通。

而借助着中国联通、移动咪咕这样的数字内容平台，以及其输出的5G、4K、VR等黑科技优势，赛事内容传播质量得到提升，能够有效触及更广泛的受众群体。尤其5G视频彩铃不仅传递内容，更通过强交互，让人们打破时空的界限，一起感受体育赛事的魅力，这也将拉拢更多年轻人转化为赛事的忠实粉丝。

第五节　影视娱乐：助力 IP 孵化 / 内容宣发，打造文化 / 内容传播新阵地

一、视频彩铃成为影视宣传的"第五范式"

当前，"双微一抖一分众"是打造品牌的最优范式，本质是将线上与线下、内容化与场景化的高效结合。但是，5G 视频彩铃有望成为品牌破圈的"第五范式"。

以电影上映前的宣发为例，片方需要的营销场景既要锁定用户注意力，又不能显得太刻意。在"短视频＋信息流"的场景下，影视宣发内容很容易淹没在信息流的汪洋大海中。定制主题页面，营销味又过于浓重。这时，视频彩铃的"第五范式"就派上了用场。

不同于其他营销平台，视频彩铃本身是一种潮流符号，是年轻人愿意主动展示给旁人的个性载体。在声音彩铃早期阶段，就有很多年轻人为了彰显个性故意延迟接听电话，"让子弹多飞一会儿"。同理，视频彩铃也是年轻人愿意主动秀出来的 5G 新潮流。还有知情人士透露，在对视频彩铃的调

研过程中发现,年轻人不光自己开通,还有很高的意愿为家长开通——以此方便他们获取权威资讯,免受谣言、虚假信息的干扰。一个集高频触发、独家信息展示位、全年龄段用户覆盖三大优势的内容营销平台呼之欲出。

二、视频彩铃让电影宣发直达消费者

一个内容平台的营销价值往往体现在两个维度,要么是有庞大的流量,要么是在特定场景下具有不可替代性,视频彩铃恰恰兼顾了这两大维度。在流量方面,每天全国庞大的电话量也保证了曝光量。在场景方面,视频彩铃的业态很像电梯间广告,锚定了一个"注意力高度集中"时刻。在拨打和接听手机的时候,大家的精神状态以"神游"为主,这个时候调动屏幕像抖音一样播放内容,能屏蔽干扰形成一个独立营销场景。

作为一种全新的媒体宣发平台,视频彩铃拥有无可比拟的电影宣发优势。依托目前的用户体量,以及运营商独有的通话场景,5G视频彩铃可以根据电影受众群体,精准锁定不同类型用户,从而实现比普通短视频渠道更大范围的用户覆盖、更高效的宣推玩法,为影视业提供全流程的IP宣发服务。

上映前,视频彩铃可通过针对重点地区、人群做热点宣传、曝光片花,并结合挂机短信扩大传播范围;热映期间,通过带动用户参加互动抢红包、电影票等运营活动,进而吸引更多用户走入电影院;而在长尾期,通过展播精彩内容回放,还可进一步扩大电影的影响力。如果妥善运用这些优质流量对产业进行"定向灌溉",势必能在流量寸土寸金的当下创造增量价值。就像时任中国电影家协会副主席任仲伦所说,每个年代只要产生一个新技术,都会带动整个中国电影,乃至世界电影,进入新的时代。

三、案例介绍

(一) 5G 视频彩铃开辟影视宣发"新蓝海"

此前,中国联通视频彩铃与电影《东北恋哥》进行合作宣发,成功让电影"走出电影院",让每一次来电都是一次电影宣传,给用户带来 5G 时代全场景沉浸式体验。在仅一个月的投放期间里,宣发彩铃达到 300 万次以上的按键有效点击,通过下发二次触达的 H5 活动页面,有高达 100 万人点击 H5 领取电影城优惠券。此外,视频彩铃赋能上下游传播,解决包括影视内容宣发、院线品牌曝光、票务商品销售等需求痛点。

在人群覆盖方面，视频彩铃受益于2021年的"三网互通"，全新的互通机制让视频彩铃迅速出圈。同时，开通视频彩铃功能的用户有较高的内容消费潜力，与电影宣发的票房蓄水诉求非常契合。当争取到片方授权正版剪辑内容之后，视频彩铃能通过AI剪辑不断提升素材多样性。

这些千人千面的素材随着接、打电话产生流量曝光，可以让优质影片覆盖到更多地区、人群，尤其是路演、观影团不易撬动的下沉市场。这种视频彩铃+电影宣发的组合，还能在电影上映前自发积累网络谈资。这样有趣好玩的文化现象堪比一次事件营销，自然能为影片热搜贡献"助攻"，产生话题热度。

（二）探索数智化影业宣发新路径

作为一项数字营销基础设施，视频彩铃在投放时效性上更加自由，可以针对蓄水期、引爆期、上映前最后冲刺分布式投放，为大片持续造势"保温"。而运营商基于大数据分析，通过对投放频率、内容反馈、客群接受率等进行多维度数据分析总结，并且根据电影覆盖的目标人群，精准锁定不同年龄、不同性别人群，做到电影内容的精准宣发，实现宣传效益最大化。

在传播效果方面，中国联通视频彩铃在前期积累了很多大片宣发的成功经验。比如此前，联通在线沃音乐视频彩铃已与《奇迹·笨小孩》《反贪风暴5》《喜羊羊与灰太狼之筐出未来》《守岛人》《雄狮少年》等众多热门电影进行合作宣发，成功让电影"走出电影院"，发挥了内容媒介的效力，从口碑营销到内容传播无缝衔接。

后疫情时代，随着疫情防控常态化，线上渠道已成为电影宣发主阵地。社交属性让信息更容易呈现分裂式传递，如果用户看到好的电影宣发视频彩铃，将会第一时间与朋友分享，此时信息传递更精准，也更具价值。我们也发现，分享电影信息的群体，不仅有追逐新潮的年轻人，同样也有不少中年人及老年人。由此可见，视频彩铃之于电影宣发，将成为引燃消费者重新走进影院看电影的导火线。

5G视频彩铃在电影宣发的成功试行，将会推动视频彩铃在更多场景和领域实现创新融合。未来，随着更多创作者加入视频彩铃行业，也将引领视频彩铃行业开启全新赛道，为包括电影制片方等政企客户带来更大价值。

第六节 快消行业：为快消客户提供品牌主题营销，传递品牌故事

一、视频彩铃助力快消广告精准触达

在互联网时代，广告精准触达就是在精准的产品定位基础上，依托于大数据与线上线下渠道，利用现代化信息工具及社会化媒体，所进行的针对精准顾客的个性化沟通与推广的营销体系。广告精准触达是未来营销的大趋势，不可逆转。对于快消行业而言，品牌营销及广告强触达不是做不做的问题，而是应该怎么做的问题。

传统大众营销时代，由于没有互联网和社会化媒体，消费者由于信息不对称，导致无从进行不同产品的比较，只能被动接受厂家的渠道推荐和广告轰炸。以渠道为王为核心竞争优势的大规模销售，以叫卖式广告为基本方式的大规模传播，成为传统大众营销模式的两个基本特征。互联网和移动互联网的出现，彻底颠覆了信息不对称。

未来，消费者关于信息的获取，不再依赖于中介渠道和专家意见，而可以通过社会化网络的"推荐"来完成；由于

移动互联网和社交媒体的社群性、小众化、交互性、互动性、分享性特征，企业的传播战略，将从大规模强制性传播，改变为"全接触点传播"和"互动性传播"。

当前视频彩铃广告媒体价值不断展现，成为新一轮流量主场，品牌主纷纷对视频彩铃开展深度挖掘。对于品牌而言，5G 视频彩铃是重构线上广告场景的重要载体。兼具广触达、强互动、广覆盖等优势，能满足快消品牌的各类营销需求，快速提升品牌声量、晋级品牌价值。

二、加速快消品牌营销传播落地

随着 5G 全面商用进程不断提速，大带宽和超高速率为短视频的发展提供了有利的契机，作为第一个 5G 重要应用的视频彩铃，在电话接通前，让客户看到一段定制的视频广告，将通话前的碎片时间变成品牌宣传的最佳时机，以点对点的方式触达目标人群，可真正突破品牌营销难、曝光难、转化难的困境。例如，许多快消品牌利用视频彩铃，将品牌或者产品铺建到社会公众心里。通过无形的网络营销，将用户更深层次的需求用品牌激发出来并和品牌发生联系，产生合作购买的可能。而视频彩铃聚焦碎片化时段，打造营销"黄金触点"，主叫用户都能观看到彩铃,实现宣传内容有效传达。

此外,视频彩铃还具有数据真实的特性。就很多传播方式而言,快消品牌不能保证宣传覆盖的用户数量,但视频彩铃能实现用户每一次主叫观看彩铃都是真实曝光。当下,中国拥有亿级在网用户数,其中95%的用户有主叫行为,为快消品牌传播提供曝光量的保障。

以视频为原生内容的彩铃业务也是在5G行业风口下迎来了新的变革。5G视频彩铃利用"短视频",可打造成具有完整互动能力和直达商业的短视频,与其他短视频平台不同,不仅可以使用算法,还具有主动与被动的双重能力,具有更强的媒体属性和传播能力。

三、案例介绍

(一)京东助攻云拜年,视频彩铃营销出圈

在刚刚过去的春节营销大战中,以沃音乐视频彩铃为主开展视频彩铃"春节按键抢红包"活动,引发超千万用户使用贺岁视频彩铃"云"拜年的潮流,在联通视频彩铃一传十、十传百、百传千的"人人传播"趋势上,用户量还在不断滚雪球式增长。

不仅如此,中国联通还推出了视频彩铃趣拜年活动,分

为"我和我的家乡""AI换脸任意玩""视频贺卡DIY""视频贺卡随心选""视频红包轻松抢"五种不同玩法。其中,用户在拨打联通号码时,将看到春节定制版视频彩铃,用户只要在电话接通前,通过手机虚拟键盘输入"5#、6#、9#",分别还有来自优酷、京东、光明乳业等企业的惊喜福利。

这次,"视频新春贺喜"系列活动所营造的全新内容体验,反映出一个新的趋势:未来5G内容创造,不再只是内容生产者的工作,还需要各大平台的协作,来帮助内容实现5G化,打造更符合受众期望的新体验,满足受众日益增长的多样化内容需求,进而提升内容产品的生产效率及竞争力。

(二)劲牌切入潜力赛道 彩铃传递品牌价值

一个平台能够持续发展,最重要的点是"选对路"。劲牌正是在一个恰当的时机进入了国内威士忌这一潜力赛道。历时两年打造的中国味蕾的威士忌登陆内地市场,出道即引起了许多国内威士忌爱好者和消费者的关注。

劲牌利用5G视频彩铃向Z世代推荐其融合东方特色草本口味的酒精饮料,以生动的视频页面传递内容产品的个性、潮流、自由,在投放期间达30万次以上的按键有效点击,再下发二次触达的H5活动页面,点击H5领取优惠装活动效果高达 10 万人参与。

让更多的年轻一代了解到劲牌公司首款威士忌风味草本烈酒,将西方的烈酒"汉化",以个性包装玩潮炫酷,以独特口味征服味蕾,以"好喝、潮、分享"打破以往威士忌"厚重、高端、奢侈"的形象,希望给中国年轻人带来更国际化、更潮酷、更好喝好玩的威士忌体验。

5G 时代对快消行业来说是一个抓得住的春天,立足现有的发展状况,以创新的视角去看待品牌广告的制作与投放。视频彩铃作为 5G 时代的重要应用,毫无疑问,谁先抢占先机,谁就能霸屏为王。从"听"进化到"看"的视频彩铃,也即将成为新时代下快消品牌的营销武器,同时也是运营商争夺 5G 时代话语权的又一个秘密武器。

第七节　数码家电:为数码产品营销提供新思路,精准覆盖终端用户

一、5G 让数码家电的传播更精准且有趣

在用户即流量、流量即商机的营销时代,5G 视频彩铃为

不少的品牌企业高效获取私域流量提供了全新方向。而数码家电更是成为5G商业化进程下的受益者，超大带宽、超高速率为其扫清技术障碍，保证了品牌及产品广告播放时的高清流畅。

作为运营商原生业务，原生支持也意味着视频彩铃不同于其他短视频应用，为用户免去了安装客户端的烦琐流程，开通即用。市面所有终端的全面支持，更为企业视频彩铃提供了最为广阔的受众覆盖和新老用户的转化良机。

传统营销因为无法感知用户的当下需求，因此只能去抓大众的主流刚性需求，因为没有能实时更换的媒介投放工具，广告的更迭周期长、精准程度低。5G视频彩铃正是巧用碎片时间，将呼叫等待页面作为媒体的主页，在电话接通前，为特定用户精准推送一段精心编发的短视频，经过"独占呼叫等待页面"加持后的5G视频彩铃，更具媒体属性。

视频彩铃在帮助用户完成消费或其他核心目标行为之后，需要更加关注用户的体验服务。回馈用户对产品和服务的期待，完成产品使用的完整闭环。例如，用户在订购后应立即指引设置彩铃内容，并做一个定期更换彩铃的通知协议，之后定期给予用户短信通知更换彩铃内容。

二、创新视频彩铃的场景化

大数据时代，分析用户数据能够很好地了解预测用户行为、用户需求。对数据的运营，实际上就是对用户的运营。通过运营分析情景数据，可以帮助我们精准触达目标用户群体，迅速了解单个用户的特点、习惯和爱好，以此给用户提供最符合其需求的解决方案，真正做到个性化定制。

消费者为产品付费有以下两种可能，一是对产品所对应功能的缺失，愿意为产品所提供的价值付费；二是对使用情景应用的缺失，这些需要品牌通过内容去塑造。通过对情景应用的塑造，连接用户需求，提高产品被消费者选中的概率。

将产品卖点和特色全部都融入情景应用里面去，打造情景应用差异化的核心竞争力，才是打动用户的法宝。越是详细的情景应用，就越容易产生画面感，用户一旦产生画面感开始联想，大脑中的多巴胺就开始分泌，很容易被你创造的情景应用带入其中，从而产生消费冲动。只要情景应用化的内容描述得足够清晰，抓住用户的痛点和需求。那么可以在很大程度上去激发用户的潜在需求，让用户出现从"我不需要"到"我可能需要"，再到"我可能真的需要"一系列转变。

三、案例介绍

（一）长虹打造跨界营销 落地发展真实用户

如今，跨界营销已经成为一个老生常谈的话题，但要想真正在用户心中落地，需要双方理念完美契合，才会聚拢出不同凡响的营销效能。回顾长虹在跨界营销道路上的摸索，精彩案例频出，如跨界中国联通，在 5G 全覆盖的前端率先开启了视频彩铃新玩法。

四川长虹集团在 2021，国庆期间，制作民族企业品牌宣传视频，通过媒体彩铃面向四川省主要城市人群投放，塑造品牌形象，讲好品牌故事。视频彩铃的总覆盖用户高达 1000 万以上，总曝光量达 1600 万人次以上。

长虹草莓台作为长虹旗下中国家电业首个自主短视频及直播平台，正是看到了这一优势，此次又和国宝进行联谊，打造了专属长虹的萌新熊猫 IP——"蓉爸"和"锦官儿"，在这个辞旧迎新的时间里，它们两个萌宝通过"萌新打工人"的系列短片为大家送上彩铃祝福。同时，大家也可以通过这个祝福 H5 定制自己专属的祝福视频为亲朋好友送上美"莓"的心意，用热点话题将"尊重用户、执着创新"的品牌内涵进一步呈现，实力演绎了深度跨界和借势营销的正确姿势，为家电品类跨界营销提供了全新的操作思路和案例模板。

（二）当智能家电遇上5G黑科技彩铃

对于智能家电来说，好的产品是根本，好的营销推广是手段，两者缺一不可。华帝深谙此道，通过跨界来实现精准宣传。这一次华帝借助中国联通5G政企彩铃的黑科技力量，打造华帝全新的企业视听名片，让每一次客户呼叫等待，都是一次精准的品牌宣传。

华帝开通政企彩铃后，每一位客户来电接通前，都能直接看到华帝的最新品牌形象视频，"智能科技，在烟火气面前重新定义更轻松、更智能、更时尚的生活方式……"让注意力高度集中的客户，精准快速地了解企业最新产品信息，快速拉近品牌与客户的距离。

中国联通视频彩铃自上线以来，也在不断推陈出新，逐步推出主叫彩铃、高清彩铃、热线彩铃、AI情景彩铃、媒体彩铃等多款创新产品应用，充分满足不同用户的多元化需求，给用户带来更创新、更便捷、更具沉浸感的产品应用及服务体验。

本次中国联通与华帝的跨界合作，更是结合了5G应用与智能家电的视频彩铃，让智慧家庭的观念以当下大众易接受的方式进入生活，在又快又稳的移动 5G 网络加持下，联通带来的花式玩法让人坐享数字新生活，让用户享受丰富的 5G 终端给生活带来的红利。未来，5G 时代营销能从用户的即时需求出发，满足用户；不再通过模糊化的刚性需求去找，投放将更精准、更具时效性、更具实时性。通过 5G 技术、大数据、智能算法等科学技术，构建一个不只能满足用户刚性需求，更能满足用户即时需求的 5G 营销时空。

第八节　钟表首饰：建立品牌形象护城河，占领用户心智的第一认知

当互联网用户进入存量市场，目前各大短视频 App 增速放缓，新增流量集中在三、四线城市以外，这也是当下互联网公司开始频繁在乡镇刷标语、做宣传的原因。而视频彩铃则可以借助运营商过去的用户积累和渠道优势，做到全年龄层以及全地域范围的覆盖，

在三网互通的加持下，中国移动、中国联通、中国电信三大巨头联合发起，补齐了企业视频彩铃的触达短板，保

证了视频彩铃广告的投放效果,在无形中扩大了受众覆盖面,更是为因疫情陷在萧条之下的钟表、珠宝行业注入了新动力。

《2020全球奢侈品力量》数据显示,预计到2025年,Z世代及千禧一代的销费将将占全球个人奢侈品销售额的一半左右。《中国高端腕表消费研究报告》也指出,年轻消费群体对于高端腕表的兴趣正在逐渐上升,七成高端腕表消费者以及超过半数的潜在消费者最看重品牌内涵。

但是,此次疫情对各行各业都产生了不同程度的打击,钟表零售也难逃行业严冬。基于此,各大钟表品牌纷纷提出不少新零售解决方案,开始了钟表新零售的积极探索。例如将店铺的展示从线下搬到了线上,突破了地理空间的限制。原来只能到店铺看表,在5G视频彩铃宣传的推波助澜下,云店解决了眼前的问题,激活了客人与销售的线上沟通渠道。

手机等移动终端的兴起延展了人类另一种感觉——"触觉",满足了人类对移动通信的需求。手机用户的扩大,一定程度上提高了广告到达率。而手机广告定制化起始于短信成长于手机彩铃成熟于内置广告,为品牌量身定制的广告将定制化营销方案落实,这是传统媒体广告所难以实现的,高度互动化、个性化的广告形式不再仅仅局限于传统广告图片、文本、视频的形式，在线互动、搜索等形式是传统广告所不能提供的。

5G视频彩铃广告有如下几种优势：一是媒体优势，视频彩铃广告具有实时性和针对性，品牌曝光感强，媒体投放性价比较高；二是数据优势，视频彩铃广告平台拥有真实的用户数据和大数据分析能力，可实现目标客户的精准营销；三是渠道优势，凭借长期积累的企业彩铃客户资源，视频彩铃广告平台可直接找到目标客户，成单率远远超过传统广告销售渠道。

中国联通率先与苹果、华为等开展eSIM终端产品合作，建成了全球首个运营商拥有自主知识产权的eSIM管理平台，实现不插卡也能打电话上网的功能。何为eSIM卡一号双终端业务？简单来说，用户可以为手机号码开通一个eSIM附属智能设备，与手机共享电话号码和套餐，并可实现独立蜂窝移动通信，使用户不需携带手机亦可随时保持互联。

在当前短视频应用火热度居高不下的背景下，视频彩铃业务无疑极具商业前景。除了传统的收取业务开通或订阅费用以外，其后向的盈利能力更令人期待。当eSIM卡技术的发展和应用，让智能手表这类可穿戴设备具备了独立连接网络的能力，也同时赋予了它们语音通话的功能。

想象一下,将来用户佩戴智能腕表,便能收到对方的视频彩铃来电,只需要一个点击将该视频设置成自己的视频彩铃,就可以按照通讯录中的联系人分类,将或温情、或搞怪、或正能量的视频,作为亲人爱人、"死党"好友、同事领导拨打自己电话时收看的视频。商业模式也可以在运营商彩铃平台、短视频应用和内容创造者之间灵活设定。

第九节 汽车行业:创新汽车品牌营销渠道,引爆车企品牌传播声量

Z世代更具备消费升级所带来的"个性化+互联网化"需求,是更具"移动化消费偏好"的用户,这也要求汽车行业必须向数字化转型,满足消费者新的偏好趋势。

置身信息化时代,各行各业均在加速拥抱数字化。特别是当5G、人工智能、云计算等技术出现后,紧追前沿科技的汽车行业对数字化的需求愈加迫切,汽车营销正在接受数字化洗礼。视频彩铃可作为汽车品牌的线上数字展厅,突破传统汽车营销模式。

随着时代的发展,消费者已经越来越懂车,决策周期越

来越短，决策时间点越来越前置。所以，车企缺的不是用户，而是如何找到用户、连接用户、与用户沟通、为用户提供服务。视频彩铃通过大数据精准筛选汽车消费者，然后用户分层触达，并以挂机短信促进转化。

以用户为中心的汽车营销，不能只是停留在信息传递、线索获取上，而是要能以数字化工具，横向贯穿到品牌、经销商、用户，纵向贯穿到认知、沟通、交互、成交、售后的每一个环节上，最终让海量的流量匹配到不同汽车品牌与经销商的私域池中，从而建立起覆盖全链路、全场景的数字营销中枢。

运营商依托 5G 网络，整合短视频、彩铃，打造拳头产品"视频彩铃"产品，结合用户接听电话前 15s 的黄金时间，开启音视频营销新蓝海，为新能源汽车企业打造护城河。

5G 视频彩铃通过大数据能力、全新营销场景及差异化定位，实现品牌的饱和式营销，抢占用户心智帮助新能源汽车实现产品和品牌的市场占有，助力"线上购车"新营销模式。

视频彩铃在汽车行业的应用场景主要包括以下几个方面。

1. 新车上市

一款新车上市，在前期预热宣传上，可以拍摄一则短视频，比如用一汽奔腾 T77 PRO 的卖点在逗趣中浓缩成一个个笑话与段子，可以说，在内容制作和视频后期剪辑上，凸显新车上市的信息。

2. 品牌传播

通过在视频彩铃上投放广告，借助视频彩铃的流量曝光汽车品牌信息，助力车企快速实现精准曝光。

3. 汽车预售

今天，是中国汽车营销的 3.0 时代——用户时代。当很多消费者已经不再是买第一台车，当互联网的流量红利已经渐渐退去，当消费者已经不再接受单向的信息灌输，汽车营销从以产品为中心到以线索为中心再到以用户为中心的大趋势已经不可逆转。

视频彩铃可以帮助汽车品牌提前集聚人气，感兴趣的消费者可以直接参与预售，最大化地收集意向人群。

4. 新品宣传

视频彩铃可以快速地宣传汽车品牌形象，通过借助 5G 网络，以短视频的方式把汽车新品信息传播出去，从而让更多的人来关注汽车品牌及其产品。

5. 品牌发布

受疫情影响，很多线下车展取消或延迟，"云发布"成为车企发布新车的新兴营销方式。

但很多车企做的线上发布会并不是很理想，有的只是把领导讲PPT的环节搬到了线上，有的只要请来流量明星、网红在直播间卖力吆喝。说到底，还是没有打破传统发布会模式，只是单纯将线下的发布流程简化之后搬到了线上而已。而视频彩铃可以将品牌发布会的重要核心信息，通过短视频生动地展示出来，并精准地传递给目标用户。

6. 汽车宣传片

视频彩铃绝对是汽车宣传片非常有效的传播形式之一。制作一些视频短片，通过视频彩铃将这些视频短片推送到用户通话等待场景，可以有效地帮助汽车企业品牌及产品宣传。

第十节　美妆电商：提升私域流量种草认可度，塑造优质品牌形象

一、视频彩铃开启电商营销新玩法

随着短视频风口全面爆发，视频彩铃、视频电商、视频短信等新兴业务形态快速发展，巨大的流量涌入赛道。其中，视频电商已经成为电商业务的核心板块，引领电商迈

向更高的舞台。以 2021 年天猫"双 11"预售数据为例，仅10 月 20 日晚，带货主播李佳琦直播间累计交易额高达 115亿元。

直播带货无疑是今年最大的风口，从淘宝到京东到抖音到快手再到一些中小平台，从明星到直播 KOL 再到身边普通人，电商领域全面开启直播带货的时代，万物皆可卖。面对直播热潮，众多中小企业纷纷投身其中。直播带货已成为中小企业新的营销方式，而这背后离不开通信视频技术的成熟和大规模应用。

随着 5G 技术快速发展，结合 5G 大带宽、低时延的特性，企业的营销创新也有了更多玩法，直播带货、VR 直播、3D 短视频、虚拟购物间等。除了这些，5G 时代还有什么营销破圈的方式？答案毫无疑问是 5G 视频彩铃。在 5G+ 视频彩铃产业联盟助推下，从技术研发到内容生态，通过视频彩铃创新赋能传媒、视娱、电商等多业态。

二、电商场景下的多媒体彩铃业务

面对电信市场及电商产品市场日趋激烈的竞争压力，通信运营商顺应移动互联网的发展，围绕着产品、运营两条主线，面向流量经营加快产业聚合，根据移动互联网发展的现状，梳理出手机阅读、手机视频、无线音乐和手机支付四大成熟度较高、市场规模较大的电商产品重点优化发展。

在电商渠道销售越来越受到商家重视，全民消费理念快速转型等情况的带动下，不少线下运营的商户逐步开始走出线下渠道单一运营模式，大力度地拓宽电商销售渠道，获得整体销售的快速增长。以美妆行业为例，社交媒体已成为Z世代获取美妆护肤信息的第一手渠道。由此可见，社交电商是美妆品牌与消费主力群体的重要对接场景。

与此同时，随着IMS网络架构的引入，多媒体彩铃与互联网IP类应用业务将发生更多深度的融合。根据音视频多媒体彩铃业务的特点，可在企业客户新型广告投放、微博等网红自我宣传等场景推广应用。从传统音频彩铃到新型视频彩铃，彩铃业务将给予用户听觉和视觉的全方位业务体验，并且占据了音视频通话振铃阶段的"黄金15s"。结合现有的订餐、快递等互联网市场对人工客服的需求，未来多媒体彩铃业务将承担更多点击等在线互动功能，不仅可以大大降低人工服务的成本，而且能够提升平台与用户的智能互动体验，从而提高便捷性及用户体验。

三、案例介绍

（一）与美妆品牌合作 挖掘视频彩铃流量价值

2021年是中国化妆品产业充满变数和挑战的一年。监管收紧、资本退潮、零售增速放缓、流量红利消失……这些信号表明，化妆品产业进入了"创新驱动"的品牌时代。面对新的市场模式，唯有"品牌力建设"才能真正打造差异化的竞争优势，实现品牌复利，而新锐彩妆品牌"珂拉琪"的持续高增长，恰是佐证。

2022年初，沃音乐与品牌供应商达成美妆品类战略合作，其中包含周期内GMV达额可享优惠返点等政策。珂拉琪便抓住了这一时机，与沃音乐进行媒体彩铃商业变现模式进行了先期探索。借元宵节与冬奥会之际，以节日热点营销造势，将"空气唇釉"通过高曝光量的媒体彩铃渠道进行试点投放，首次打通直销类商品投放全链路，提升会员商城美妆品类GMV。

珂拉琪背靠中国联通强大的手机用户，在进行新品投放、营销设计、渠道布局时，均能通过"数据"准确把控平台变化和用户需求，以最快捷、高效的方式触达消费者。通过5G视频彩铃投放打通"投放—曝光—按键交互—短信交互—H5平台商城导流—下单购买"全链路,并且进行全渠道种草,占领用户心智,在抖音和小红书等各大社交平台上成为热议话题。在"品牌力和数据力"的加持下,珂拉琪的"空气唇釉"成为彩妆爆款产品,被大众熟知。

(二)开创美妆业"5G+AI"助力品效协同升级

中国联通与人工智能初创公司携手欧莱雅中国,成功试水了中国美妆行业内首个结合5G和AI技术的互动直播。这一创新性的直播模式被率先运用于旗下彩妆品牌美宝莲纽约位于上海吴江路的全球首家潮玩概念店。

通过互动直播,用户可以自由切换观看视角,近距离查看主播特写、360度浏览产品细节,尽享沉浸式的直播互动体验。此次深度合作不仅开辟了5G在消费领域应用的更多可能,也进一步革新了消费者的在线购物模式,让美妆消费体验变得前所未有地个性化。

传统场景的直播模式中,产品与品牌信息主要依靠主播讲解展示,视觉呈现的丰富度有限,消费者的信息接收与购物体验相对单向、被动。现在,联通5G具有高速率、低时延的特性,结合影像AI算法让视角多元、信息丰富、实时的互动式直播成为可能。180度观看直播间让观众真正实现了

"云逛店"，解锁美宝莲潮玩概念店人气"黑科技"和尽显潮玩风格的"网红打卡区"；近距离查看主播脸部特写，"零距离亲测"粉底液、唇膏、眼影等各类彩妆单品的实效；灵活放大产品细节，突破平面视角限制，真正做到"一览无余"。

随着消费层次和需求的升级，人们越来越希望更加全方位和直观地了解产品细节、实际功效；品牌也越来越期待在直播"带货"基础上，让消费者更深层地感受品牌基因和特质，并获得服务、体验等产品以外的附加价值，让直播为品牌形象建设贡献更大能量，实现真正的"品效协同"。

第五章
AI 科技突破 5G 时空营销内容壁垒

人工智能正在改革营销领域，使团队具备近乎超人的能力。无论是显著加快任务完成速度，还是营造有利于创造性思维的环境，人工智能已经成为营销人员工具箱中不可或缺的资产。

随着人工智能的不断成熟，它将被逐步应用于从战略到执行的市场营销的各个环节，特别是在内容制作环节，AI的应用已经渗透到文字、图片、语音、短视频、长视频等多样化的内容创作形式，而且渗透进创作的各个环节，以视频内容举例，AI技术的应用已经渗透从选题、脚本、分镜到样片，甚至是剪辑等各个环节。

因此，借助于5G时代下的算力红利，AI技术成为打破内容壁垒的重要工具，并且体现在AI影像、AIGC应用，甚至是新零售场景的全面应用。

第一节　5G 与 AI 科技的融合背景

一、5G 与 AI 的协同效应

5G 与 AI 的结合形成了一种新的营销生态。5G 与 AI 的结合将推动影像创作的智能化进程。5G 的高速传输和低时延特性为 AI 算法的实时应用提供了基础，而 AI 技术的智能化处理能力则提升了 5G 内容传输的价值。

AI 通过实时分析用户行为数据，能够即时生成个性化的内容，实现精准营销。AI 的智能化处理能力也为 5G 技术的推广应用提供了新的可能性。在这种融合背景下，企业可以打破传统营销中的时空限制，实现内容的快速生成与传播。

两者之间的协同作用主要体现在以下两个方面。

实时处理：5G 能够实时传输高质量影像，而 AI 可以在此基础上进行实时分析和处理，提升内容创作的效率和质量。

增强交互性：5G 的多设备连接能力使得创作者可以在多个设备上进行协同创作，AI 则能够根据实时数据提供个性化的创作建议。

二、AI 科技如何突破内容壁垒

首先，内容生成方式的变化将带来营销策略的巨变，传统内容生成模式造就了传统的营销模式。在传统的营销模式中，内容生成往往需要较长的时间周期，并且内容的类型和风格难以实时调整。市场需求的变化、用户偏好的波动，常常导致企业的营销活动反应不及时，造成资源的浪费。此外，传统的内容创作往往缺乏个性化，难以满足多样化的用户需求。

AI 技术的引入打破了传统内容生成的局限性，也革新了对应的营销策略。AI 驱动的内容生成技术能够：①自动化内容创作，AI 技术能够通过自然语言生成（NLG）技术，实现内容的自动化创作。这使得企业能够快速生成产品描述、广告文案等，极大地提高了内容生产的效率。②个性化推荐，AI 通过分析用户的行为数据，能够实时生成个性化的内容推荐，提升用户的参与度和满意度。③智能化视频生成，AI 技术可以分析用户的观看习惯，根据用户的兴趣生成个性化的视频内容，提升用户的观看体验。④内容优化与调整，AI 能够通过实时数据分析，监控内容的表现，根据反馈及时调整和优化内容策略，使得营销活动更加灵活和有效。

AI 与 5G 的结合给营销内容带来了四项重点突破。

1. 营销内容的个性化：在 5G 技术的赋能下，AI 技术能够对用户的行为进行深入分析，实现个性化的内容推荐。企业可以根据用户的购买历史、浏览习惯、社交媒体互动等，生成精准的营销内容。这种个性化的内容不仅能够提升用户的满意度，还能够有效提高转化率。

2. 实时反馈与调整：5G 网络的低时延特性使得用户能够快速反馈其对内容的想法，而 AI 技术能够实时分析这些反馈信息，及时调整营销策略。例如，用户在观看广告时的互动行为可以被即时记录，AI 系统能够根据这些数据分析广告效果，优化后续的内容投放策略。

3. 增强互动体验：AI 与 5G 的结合为用户带来了更为丰富的互动体验。通过 AR 和 VR 技术，用户能够在与品牌互动时享受到更沉浸式的体验。5G 的高速传输和低时延特性使得这种体验更加流畅，提升了用户的参与感和满意度。

4. 内容的多样性与创意：AI 技术的应用不仅提升了内容生成的效率，还为创意提供了新的可能性。通过数据分析，AI 能够识别用户的兴趣点，生成多样化的内容形式，从而满足不同用户的需求。同时，AI 还可以辅助内容创作者，提供创意灵感和方向，提高内容的质量。

三、5G·AI 助力未来影像创作：让影像更智能

5G 技术在影像创作中有着最直观的四点优势，直接提高内容创作的生产力，颠覆过往的创作 SOP，

1. 自动化剪辑与处理

AI 技术的核心优势之一是其强大的自动化处理能力。在传统的影像制作流程中，剪辑往往需要大量的人工干预，耗时且烦琐。而通过深度学习算法，AI 可以分析视频素材，识别出关键帧、主题和情绪，并自动进行剪辑。这一过程不仅大幅提高了剪辑效率，还能够保持一致的风格和节奏，使得最终作品更具专业性。

以自动剪辑软件为例，这些软件能够快速分析视频内容，并根据设定的参数自动生成剪辑版本。通过分析视频中的音频、场景变化和视觉元素，AI 能够识别出最具吸引力的镜头，进行合理的排序和编辑。创作者只需对生成的结果进行微调，从而节省大量时间和精力。

2. 内容生成与创作辅助

AI 不仅可以用于编辑，还可以生成新的影像内容。例如，通过生成对抗网络（GANs）等技术，AI 能够生成高质量的图像和视频。这为创作者提供了全新的素材来源，使得他们在创作过程中拥有更多的选择和灵感。

具体而言，AI 可以根据设定的风格、主题和情节生成动画角色、场景、特效等内容。这种创作辅助能力，帮助创作者快速原型化和迭代他们的想法。例如，一些动画制作公司已经开始利用 AI 生成初步的动画帧，这样可以更快地进行后续的细化和完善。

3. 图像识别与分析

AI 的图像识别技术可以对大量影像素材进行自动标记和分类，极大地提升了素材管理的效率。创作者通常面临大量的视频和图像素材，手动管理不仅耗时而且容易出错。AI 技术能够通过训练好的模型识别视频中的物体、场景和情绪，为创作者提供准确的搜索和筛选功能。

例如，利用计算机视觉技术，AI 可以自动识别视频中的人物、物品和场景，并为其添加标签。这一过程能够帮助创作者在素材库中快速找到所需的镜头，提高工作效率。

4. 故事构建与剧本生成

AI 还可以在故事构建和剧本生成方面发挥重要作用。通过自然语言处理（NLP）技术，AI 能够分析大量的剧本和故事结构，识别出成功故事的共同元素，并根据特定主题生成新的剧本。

例如，某些 AI 工具能够根据用户输入的关键词和情节设定，自动生成完整的故事大纲、角色设定和对话。这不仅为创作者提供了灵感，还可以帮助他们快速迭代剧本，从而提高创作效率。

（一）5G 扬帆，推动"AI 未来影像+"融合发展

当下"5G+"融合应用不断涌现，全方位赋能智慧医疗、数字金融、智慧教育、智能文旅等领域的发展。作为数字技术的重要板块，影像技术的迭代催生出 4K/8K 超高清直播、裸眼 3D、虚拟数字人等众多创新应用产品，具有广阔的应用前景。

一直以来，联通沃音乐持续探索影像技术的升级发展，成功搭建 AI 未来影像系统，不断发掘 AI 影像技术的应用潜力。

基于 AI、大数据、超高清、XR、数字动画等先进技术，

沃音乐打造的 AI 未来影像系统搭建了云影超高清、云播 AI 创作、云像数字人、云映 XR 四大平台系统，形成 8K/裸眼 3D 无限清晰制作、数字 IP 孵化衍生、XR 技术应用、AI 内容制作、AI 空间音乐五大核心能力，并衍生出虚拟 IP 数字人孵化、虚拟演播厅定制、超高清内容转制等数字服务。

不仅如此，为了进一步推动 AI 影像技术规模化落地应用，赋能垂直领域数字化转型，联通沃音乐还依托 AI 未来影像系统打造了城市影像解决方案、美丽乡村解决方案、数字营业厅解决方案、未来景区解决方案等集视觉、创意、科技、元宇宙于一身的综合行业解决方案，聚焦乡村振兴、党建宣传、在线教育、商务智能等多个领域，全面赋能行业伙伴数字化转型升级。

基于顶尖设备及杰出建模、渲染等制作能力，联通沃音乐提供超写实数字人、二次元数字人、Q 版数字人等全品类的数字人定制服务，可应用于 AI 主播、智能客服、虚拟偶像等多个领域。

（二）探秘元宇宙，引爆全新虚拟创作热潮

在数字技术深入发展的背景下，元宇宙概念逐渐从理论照进现实，与之相关的虚拟数字人、AI 影像等技术不断得到

实践应用，为元宇宙时代降临拉开序幕。

2022年3月，联通在线沃音乐携手中南卡通打造的"5G·AI/XR未来影像联合拍摄基地"正式亮相，它拥有同类型亚洲最大、占地面积超过1000平方米的AI表演动画数字摄影棚。

同时，基地内配备动作捕捉棚、扫描棚、录音棚、直播棚等全栈式端到端表演动画专业系统与设备，可全面满足影视动画、游戏、广告、短视频、虚拟直播等方面的要求。未来，联通在线沃音乐与中南卡通将顺应元宇宙热潮联合运营，积极推动影棚商业化转型，面向产业伙伴全面开放，助力产业链上下游掀起新一轮的虚拟创作热潮。

5G引领千行百业变革发展。依托5G·AI/XR未来影像联合拍摄基地，联通在线沃音乐将与中南卡通一起，全面开展IP联合打造、运营合作。同时，联通在线沃音乐将积极推动新文创发展成果与其他行业的融合，基于IP能力，服务数字乡村、数字城市、数字金融等垂直场景，帮助各行业伙伴实现数字资产贮备和IP资源多元开发变现，携手伙伴共同探索IP与娱乐、文旅、教育结合的新范式，以5G新文创的发展助力全行业实现数字化转型升级。

在内容上，为激发创作热情，联通在线沃音乐正式发布海纳计划 2.0，从 IP 营销、5G 城市名片、音乐人逐梦、内容众包制作、校园达人招募、产业合作六大方面，激发个人、企业乃至整个文创行业的内容创作热情，引爆文创发展热潮。

在技术方面，为进一步增强 5G 新文创行业研究创新能力，联通在线沃音乐正式发布 5G·AI 未来影像创作中心，打造国内首个运营商推出的以 AI 影像技术赋能的内容创作基地，并联合 4K 花园推出全球首部 8K 竖屏纪录片《人文之旅，自然秘境》，共同打造 8K 超高清品牌，引领高清视频产业创新性变革。同时还发布了集合"云大物智安视信"七大板块的星空实验室，汇聚众多行业领军企业，为文创产业发展注智。

（三）开启智慧影像新时代，打造多样化数字内容

联通在线沃音乐 5G·AI 未来影像创作中心深入开展影像技术创新，通过人才积累、自有技术设备及 IP 的不断迭代，形成 AI 数字孪生虚拟人、超高清内容转制、AR 智慧展厅等众多创新应用产品，积极推动 AI 影像、XR 技术与各垂直行业的结合。

自成立以来，5G·AI 未来影像创作中心为《生物多样

性公约》COP15精心摄制全球首部8K竖屏纪录片《穿过雨林遇见你》、孵化央企首个超写实数字人"安未希"及系列冬奥视频彩铃，推出虚拟主播节目专栏《CoCo跑两会》《CoCo跑冬奥》、安逸熊猫大屏裸眼3D视频，首发小屏裸眼3D视频彩铃等诸多行业标杆性成果，为政企、文旅、影视等众多领域提供数智服务，赋能数字经济发展。

未来，联通在线沃音乐5G·AI未来影像创作中心将以技术+内容优势深耕元宇宙领域与影像创作，推动AI影像、XR技术与更多垂直行业结合，积极践行"国家队、主力军、排头兵"的职责使命，服务数字中国智慧社会建设。

第二节　AIGC的应用潜力及应用案例

一、AIGC的技术与应用背景

AIGC（AI Generated Content，AI生成内容）是目前利用算力实现内容创作的更为革新的自动生成形式，通过纯技术的手段代替更多的平模、建模、拍摄等原本需要长周期才能完成的创作步骤，以最短的时间最多的选择提供给创作者不同的图文及视频内容。

AIGC核心是通过人工智能技术生成各种形式的内容，如文字、图片、视频、音频等。AIGC的快速发展得益于深度学习和生成模型、自然语言处理（NLP）、计算机视觉（CV）等技术的进步。以下是AIGC的三个主要技术基础。

（一）深度学习和生成模型

深度学习是AIGC的核心技术之一。通过多层神经网络结构，深度学习可以从海量数据中学习到复杂的模式和特征，从而实现内容的自动生成。常用的深度学习模型包括卷积神经网络（CNN）、循环神经网络（RNN）、生成对抗网络（GAN）等。

生成对抗网络（GAN）：GAN是AIGC生成内容的重要技术之一。GAN由生成器（Generator）和判别器组成，生成器负责创建数据，而判别器则判断这些数据是真实的还是由生成器伪造的。通过生成器和判别器的相互对抗，GAN模型逐渐能够生成高度逼真的内容。GAN在图像生成、视频生成等方面具有显著的应用效果。

自回归生成模型：自回归模型，如GPT系列，是一种基于序列的生成模型，能够在文本生成方面取得较好的效果。

自回归模型通过逐词或逐字符地生成文本内容，广泛应用于文本生成、自动撰写、对话系统等领域。

（二）自然语言处理（NLP）

自然语言处理（NLP）是 AIGC 生成文本内容的核心技术。NLP 通过处理和理解自然语言文本，使 AI 能够生成符合人类语义和语法规则的文本。当前，NLP 的生成技术大多基于预训练语言模型，如 GPT- 第四节 BERT 等。

GPT 是基于 Transformer 结构的生成式语言模型。它利用自回归的方式进行文本生成，从大量文本语料中学习语言模式，进而实现高质量的自然语言生成。GPT 模型广泛应用于内容创作、对话生成、自动化文案撰写等领域。

Transformer 是近年来 NLP 领域的一项重要突破，具有并行处理的优势。相比传统的 RNN 和 LSTM，Transformer 能够处理更长的文本序列，提高了文本生成的流畅性和准确性。这一架构为 AIGC 技术提供了强大的支持，使其可以生成具有上下文逻辑的文本。

（三）计算机视觉（CV）

计算机视觉（CV）主要应用于图像和视频生成。通过深度学习算法，计算机视觉技术能够分析图像数据并从中生成新的视觉内容。这一技术在 AIGC 领域应用广泛，尤其是在图像生成和视频生成方面。

在图像生成方面，常用的模型包括 GAN、VQ-VAE 等。GAN 通过生成对抗的方式生成逼真的图像，而 VQ-VAE 则通过编码和解码过程生成图像。这些模型为 AIGC 的视觉内容创作提供了技术支撑。

在视频生成方面，生成模型可以从现有的视频数据中学习场景变化，进而生成动态内容。视频生成技术的难度较高，需要处理大量的图像帧和复杂的时空关系。AIGC 在 5G 的支持下，可以实现快速的视频内容生成和传输，为营销场景提供新的可能性。

AIGC 与 5G 的结合为数字营销创造了新的可能性。5G 的大带宽、低时延和广连接特性使得 AIGC 生成的内容可以快速、无缝地传递给目标受众，从而提升营销的效率和效果。

二、AIGC 对于 5G 营销的内容扩展

在数字化和智能化的推动下，AIGC 和 5G 技术的结合为营销领域带来了革命性的变化。AIGC 在个性化内容生成、

智能化视频与图像生成、虚拟数字人应用等方面得以广泛应用。以下是 AIGC 在 5G 营销中的四大核心应用场景，包括个性化内容生成、虚拟数字人在互动营销中的应用、社交媒体互动与用户生成内容（UGC）、智能化视频与图像生成。

（一）个性化内容生成

个性化内容生成是指利用用户的行为数据、偏好信息和实时反馈，通过人工智能技术自动生成符合用户需求和兴趣的内容。这种生成方式不仅提高了内容的相关性，还增强了用户的参与度和满意度。在 AIGC（人工智能生成内容）技术的支持下，个性化内容生成已经在广告、电商和社交媒体等多个领域得到了广泛应用，特别是在 5G 网络的支持下，实时个性化生成技术的可能性大大增强。

5G 与 AIGC 结合可以实现高度个性化内容的生成，为每个用户提供独特的内容生成。这种个性化内容生成涵盖文案、产品推荐、广告内容等。个性化内容能够增加用户的购买意愿，提升用户体验。通过 5G 实现实时内容分发，确保内容与用户行为的即时关联。

AIGC 如何利用用户数据实现高度个性化的内容生成？

个性化内容生成的第一步是收集用户数据。这些数据包括用户的浏览历史、购买记录、社交媒体互动、搜索记录等。通过对这些数据进行分析，AIGC系统可以识别用户的兴趣、偏好和行为模式。例如，通过分析用户在电商平台上的购买历史，系统可以了解用户对某类产品的偏好。

个性化内容生成的第二步是用户画像构建。基于用户数据的分析，AIGC可以构建详细的用户画像。这些画像不仅包括用户的基本信息（如年龄、性别、地理位置等），还涵盖用户的兴趣爱好、消费能力、生活方式等。通过用户画像，AIGC能够更好地理解用户需求，并为其量身定制个性化内容。

个性化内容生成的第三步是内容生成算法。AIGC利用自然语言生成和图像生成等算法，根据用户画像生成个性化内容。例如，在电商平台上，AIGC可以根据用户的偏好生成产品推荐文案，描述产品的特色和优势。同时，利用图像生成技术，系统还可以生成个性化的产品图片，进一步提升用户的购买意愿。

个性化内容生成的第四步是实时反馈与优化。个性化内容生成的关键在于实时反馈。用户与生成内容的互动（如点击率、转化率等）为AIGC提供了宝贵的数据，系统可以根据这些反馈不断优化内容生成策略。例如，如果用户对某类产品推荐反应积极，系统将加大对此类内容的生成力度；反之，则进行调整或替换。

该场景主要是电商平台个性化推荐：在电商平台中，AIGC可以根据用户的浏览、点击和购买行为生成个性化的产品推荐内容。当用户浏览某类产品时，AIGC可以实时生成适合用户兴趣的推荐内容，例如生成个性化的文案、促销语等。同时，5G的高带宽支持这些内容快速传输到用户设备，使用户在短时间内看到精准推荐。

个性化广告投放：在广告领域，个性化内容生成技术能够根据用户的兴趣和行为进行精准投放。广告主可以利用AIGC生成符合目标受众的广告文案和视觉内容，提升广告的点击率和转化率。例如，某品牌在推出新产品时，利用用户的浏览历史和购买行为生成个性化的广告文案，并将这些广告在社交媒体和电商平台上投放。用户看到的广告内容与他们的兴趣高度相关，进而提高了广告的效果。

个性化社交媒体内容投放：在社交媒体平台上，个性化内容生成技术能够帮助品牌与用户建立更紧密的联系。通过分析用户的社交行为，品牌可以利用AIGC生成符合用户兴趣的内容，增强用户参与感。例如，品牌可以根据用户的社交互动生成个性化的内容，如为用户定制生日祝福、节日问候等。这种高度个性化的互动能够提高用户的忠诚度和品牌认同感,进而推动销售转化。

(二)虚拟数字人在互动营销中的应用

虚拟数字人是一种由 AIGC 生成的虚拟形象,能够与用户进行互动。虚拟人物和数字人的生成与应用正在不断改变品牌营销的方式。AIGC 技术使得虚拟人物的外观、声音和行为表现得以高度定制和个性化,同时 5G 网络的支持使得用户与虚拟人物的互动变得更加流畅和真实。随着技术的不断进步,虚拟人物在品牌营销中的潜力将越发明显,成为品牌与消费者沟通的重要桥梁。它们能够实现 24×7 的实时互动服务,提升用户体验。虚拟大使具有独特的视觉形象,有助于品牌识别和用户记忆。

AIGC 生成虚拟人物/数字人的技术原理包括以下四个方面的技术支持:计算机图形学与三维建模、动态捕捉技术、人工智能与自然语言处理、音频生成技术,从外貌、声音、文本、动作四个方面进行全方位塑造。

虚拟人物的外观设计通常基于计算机图形学和三维建模技术。通过使用高质量的建模软件,设计师可以创建出高度真实的虚拟形象。这些虚拟人物通常具备丰富的细节表现,如面部表情、身体动作和服装细节，以使其在视觉上更加吸引人。

动态捕捉技术允许对真实人物的动作进行捕捉，然后将这些数据应用到虚拟人物身上。通过摄像头和传感器，系统可以记录演员的动作和表情，将这些信息转化为虚拟人物的动态表现。这种技术使得虚拟人物能够做出自然流畅的动作和真实的情感表现。

人工智能技术，尤其是自然语言处理，为虚拟人物赋予了交互能力。通过深度学习和语言模型，虚拟人物可以理解和回应用户的语言，进行自然的对话。这不仅使得虚拟人物在直播或社交互动中能够实时与观众互动，还能根据用户的反馈调整其表达方式和内容。

虚拟人物的声音合成同样依赖于 AI 技术。通过语音合成（Text-to-Speech，TTS）技术，虚拟人物能够用自然流畅的声音进行交流。这项技术能够生成多种音色和语调，使虚拟人物的声音更加个性化和多样化。

落地应用包括：①虚拟品牌大使。品牌可以创建虚拟数字人来做品牌大使，通过 5G 网络将虚拟数字人实时呈现给用户。用户可以与虚拟大使互动，例如提问产品信息、参加虚拟活动等，这种互动可以增强品牌的亲和力和用户的参与感。②虚拟导购。在电商平台上，AIGC 生成的虚拟导购可以根据用户的需求推荐商品,并回答用户的问题。5G 网络保证了用户和虚拟导购的实时互动,使得购物体验更加顺畅。

其中较为出名的虚拟人物营销案例包括虚拟偶像"洛天依"、品牌虚拟形象"动森小镇"等。

洛天依是一位虚拟偶像,凭借其独特的形象和音乐才能,迅速在中国的年轻群体中获得了广泛的关注。洛天依的音乐作品通过社交媒体和在线平台传播,不仅吸引了大量粉丝,还为相关品牌的推广活动带来了巨大的流量。品牌可以通过与洛天依的合作推出定制化的产品,吸引年轻消费者。

某知名品牌推出了名为"动森小镇"的虚拟形象,结合了游戏元素与虚拟角色。通过社交媒体平台,用户可以与这个虚拟形象进行互动,参与各种活动和游戏。这种营销策略不仅提高了品牌的参与度,也增强了用户的品牌认同感。

(三)社交媒体互动与用户生成内容

AIGC 可以自动生成社交媒体的互动内容,与用户产生深度互动,增加品牌的社交影响力。品牌借助社交媒体与消费者进行互动,不断创新内容以吸引目标受众。随着 AIGC 技术的发展,创意营销和社交媒体内容生成迎来了新的机遇。AIGC 不仅能高效地生成创意内容,如表情包、短视频和营销文案，还能根据用户的偏好和行为进行个性化定制，提升品牌传播的效果。

互动内容的实时生成和分发能够提升社交互动，增加品牌的社交影响力。通过5G实现实时互动，该技术还能提高用户参与度。AIGC生成的智能回复可以与用户在社交媒体上互动，例如为用户留言提供实时回复。品牌可以利用AIGC生成有趣的回复，增强社交互动效果。

AIGC在生成创意社交内容中的应用包括表情包的生成、短视频内容创作、创意文案生成。

表情包是一种生动有趣的社交内容，常常用于表达情感或传递信息。AIGC技术可以分析用户的聊天记录、社交互动和热门趋势，自动生成符合用户情感表达的个性化表情包。例如，一些社交媒体平台已经开始使用AI技术，根据用户的情绪和偏好生成独特的表情包，用户只需简单地输入文字或选择情绪，即可获得专属的表情。

短视频在社交媒体中越来越受欢迎，AIGC技术为短视频的创作提供了便捷的工具。通过AI算法，品牌可以快速生成短视频内容，结合用户生成的素材，自动剪辑出精彩的片段。此外，AIGC还可以根据用户的观看习惯和偏好，为其推荐个性化的短视频内容。例如，某些品牌通过AI生成短视频，展示产品的使用场景或品牌故事，吸引用户的关注并鼓励分享。

在社交媒体营销中，文案的创意和吸引力直接影响用户的点击率和转发率。AIGC能够根据品牌调性、目标受众和社交媒体的热门话题，自动生成富有创意的文案。通过深度学习，AI系统可以分析成功的社交媒体营销文案，并生成具有类似风格的新内容。这种文案生成不仅提高了用户的工作效率，还确保了内容的个性化与相关性。

包括Coca-Cola的"个性化瓶子"营销是一个比较成功的案例。Coca-Cola曾推出"个性化瓶子"营销活动，鼓励消费者购买带有自己名字的瓶子。这一活动吸引了大量用户参与，提升了品牌的互动性。AIGC在这一过程中发挥了重要作用，帮助品牌分析用户的名字流行趋势，并生成个性化的营销内容。消费者通过社交媒体分享他们的个性化瓶子，进一步推动了品牌的传播。

（四）智能化视频与图像生成

在数字营销时代，视觉内容的创作与传播扮演着越来越重要的角色。视频和图像不仅是信息传递的载体，也是用户情感连接的重要媒介。AIGC技术在视频和图像生成方面的应用，为企业提供了新的创意手段与市场竞争优势。结合 5G 技术的高速传输能力，智能化视频与图像生成将为营销带来更大的创新空间。

智能化图像生成的营销应用包括电商图片生成、产品展示与虚拟试衣等。

在电商平台上，产品图片是消费者做出购买决策的重要依据。传统的产品摄影需要耗费大量的人力和时间，而 AIGC 技术能够高效生成高质量的产品图片。例如，用户提供简单的文字描述或草图，AIGC 就能自动生成对应的产品图片。这种智能化的图像生成方式，不仅提高了电商平台的图片更新速度，也使得产品展示更加多样化。

AIGC 还可以根据用户的偏好，生成个性化的产品展示图片。比如，当用户在浏览某一类产品时，AIGC 能够分析其浏览历史，自动生成符合其口味的产品图片，以提升用户的购买意愿。

在服装、珠宝等行业，用户往往希望在购买前能够预览产品的实际效果。AIGC 技术在这方面的应用展现了巨大的潜力。例如，通过 AI 生成的虚拟试衣间，用户可以将自己喜欢的服装"穿"在自己身上，从而帮助自己做出更加明智的购买决策。

AIGC 技术能够生成不同场景下的产品展示图片，例如，展示家居产品在真实环境中的效果。这种智能化的产品展示方式，不仅提升了用户体验，还增加了消费者对产品的信任感。

三、AIGC 创作应用案例

目前各行各业纷纷开始探索 AIGC 在创作领域的应用潜力。从传统媒体到数字艺术，再到广告营销，AIGC 正逐渐改变内容创作的方式和模式。

（一）应用一：AI 用于新闻画面

在信息爆炸的时代，观众对内容的个性化、即时性和多样化需求不断上升。为了满足这些需求，央视开始探索 AIGC 技术，以提升内容创作的效率和质量，增强观众的参与感和互动性。

2024 年 3 月 28 日，央视综合频道《晚间新闻》节目中，将 AI 生成视频的画面用在了讲述候鸟迁徙的背景资料上，并且在右上角的位置标注为"AI 创作"。

在 4 月 3 日，央视新闻频道也同样用 AI 生成的视频来解释"强对流天气"，并提醒观众做好预防措施。

目前，从 AI 影视作品到全产业链布局，不单央视在尝试，更多的地方机构在广电机构的号召下正在积极探索"AI+"。AI时代的创作者正努力发掘中式审美的作品。从2月26日央视发布《千秋诗颂》开始，从中央总台到上海台、芒果台，各地广电密集发布了13部AI作品，并且每隔一两天，各地广电就会有各种新尝试、新发布出现，真可谓是"八仙过海，各显神通"。

3月16日，北京广播电视台人工智能融媒创新实验室揭牌，在揭牌仪式上，《AIGC三国》亮相世人面前，该宣传片的诞生运用到了"AI智能辅助制作"技术，向观众再现了"桃园结义""三顾茅庐""赤壁之战"等经典场面。

（二）应用二：广告内容生成

AIGC的图片制作及视频制作能力已经被营销行业率先应用，2024年2月春节期间，王老吉就与美图秀秀联手推出"AI配方"，打响AIGC春节营销第一枪。在对中国龙年的观察中，我们发现美图与王老吉通过糅合品牌的"吉文化"，并联合美图AIGC技术加成，以一套营销组合拳持续强化了"过吉祥年喝红罐王老吉"的品牌印记。

从策略上来看，美图与王老吉捕捉到了新春的两大关联场景：影像与礼赠。美图在AIGC技术的赋能之下，鲤小龙

IP拜年动效强势吸睛。"新春大吉""龙年大吉"等新春祝福语搭配 AI 配方一键异次元的视效惊喜,迅速占领春节期间人们的拍照、美图界面,在用户的互动中激活王老吉"吉文化"的传播力和穿透力。

为了配合热度,美图与王老吉还同步推出了以贴合美图站内最火配方玩法与备受用户偏好的配方风格。在 AI 技术的支撑下,六款品牌定制龙年配方不仅借势新春热度让用户把"吉文化"玩出新花样,焕新了新春的祝福表达形式,更在新春影像场景之内将"吉文化"与新春文化绑定得更加深入。

在广告领域,2024 年 3 月 21 日下午,中国首部 AIGC 系列公益广告片《因 AI 向善》在上海模速空间大模型创新生态社区正式发布,市委宣传部副部长、上海广播电视台党委书记方世忠现场为公益片按下首播启动键,标志着广告片迈向 AIGC 时代。

广告内容聚焦"绿色出行""节约用水""光盘行动""垃圾分类""礼貌用语""公共场所"六大主题,《因 AI 向善》第一季利用上海广播电视台刚推出不久的首个 AIGC 应用集成工具 Scube,综合运用可控图像生成、人物动态生成、文生视频等业内前沿技术,强化技术研发与节目生产应用协同,将 AIGC 与具体公益场景紧密结合,把媒体新质生产力转化为公益传播力和价值引导力。该片的美术、分镜、视频、配乐全部由 AIGC 完成，是生成式人工智能技术在公益场景应用的一次先锋实践。

上海广播电视台 AIGC 媒体融合创新工作室相关负责人表示，相较于传统动画，AI 动画利用先进算法和海量数据，快速生成具有丰富细节和逼真效果的动态场景，制作周期大大缩短，成本显著降低。在同等预算条件下，按照传统公益广告制作流程计算，《因 AI 向善》至少需要两周左右时间，而在 AIGC 赋能下，制作周期缩短至三天。此外，人工智能在系列片策划制作过程中还能模拟多种风格，为创作者提供更多灵感和选择，也为公益广告在题材、创制、传播等方面开拓了广阔的发展空间。

第三节　整合 5G+AI+ 大数据 + 新零售等能力

一、三大运营商密集拥抱人工智能

近年来，三大电信运营商均在积极参与在人工智能领域的布局。中国电信方面早在 2019 年就发布了《中国电信人工智能发展白皮书》。中国电信人工智能发展将以战略转型 3.0 为方向，深度嵌入 AI 技术能力，提供 AI 通用能力平台、应用和解决方案。中国移动与中国联通同样在"5G+人工智能"领域建树不凡，中国移动研究院首席科学家冯俊兰博士在"人工智能，激发行业潜能"网络研讨会上发表了以 5G 与 AI 为主题的演讲，分享了中国移动对通信网络与 AI 技术融合创新的思考与实践。

在 2021 世界计算大会上，中国联通以"联通 5G+AI 计算引领·助力企业化数字转型"为主题，展示了多项 AI 数字化前沿科技应用。不仅如此，中国联通还将 5G 与 AI、大数据、云计算、区块链等相结合，护航智慧冬奥。由此看来，推动 5G 与人工智能等新兴技术融合发展成为运营商的一致选择，三大运营商不断提升自身 AI 能力，并创造性地推出了一系列产品应用。

与此同时，5G 将赋予运营商更多的市场机会、更丰富的产品体系，但是如何改变传统的"地毯轰炸式"营销，为用户提供更优质的服务，改善用户体验，摆脱"增量不增收"的现状，关键要看未来 5G 背景下的营销模式和用户体验管理如何进一步升级。在 5G 时代，物联网的发展导致运营商的用户数据更加多元化、复杂化，数据洞察难度呈指数级增长。而这种复杂性恰好是人工智能可以在用户体验管理中展现价值的原因所在。AI可以从智慧洞察、定制化服务和智能客服这三个方面改善用户体验。

1. 智慧洞察

运营商可以充分发挥自身数据优势，建立用户洞察平台，从多渠道整合用户属性数据（用户的身份信息、终端信息等）和行为数据（上网行为、社交行为、通信行为、位置信息、消费行为等）。AI可以助力运营商从海量用户数据中探索用户的行为模式，发现用户的需求、兴趣偏好，评估用户的忠诚度、满意度，最终将"人机交互""人人交互"转换成用户在整个生命周期的精准洞察。

2. 定制化服务

AI将历史数据和用户行为模式与实时场景有机地结合起来，能够在适当的时间、适当的地点为客户提供最合适的服务，使服务自然地融入消费者的日常生活中。智能预测和定制化服务能使客户感觉好像每个产品或体验都是为他们量身定制的。运营商还可以通过与广告商户的合作，以渠道协同调度为基础，以个体为细分粒度，完成广告的精准投放，创造互联网营销的新模式，实现运营商"大数据、超细分、微营销、精服务"的战略目标。

3. 智能客服

智能客服是AI技术在运营商运营体系中的典型应用。智能客服本质上是一种基于AI技术的会话代理，由AI机器人完成与用户的交互，可用于用户参与的众多场景，如业务咨询、用户回访、用户投诉、产品营销等。

二、5G新基建掀起零售消费新浪潮

对于新零售业而言，互联网、社交媒体的兴起带动了商业流量入口的变化；基于新技术实现利润增长的方式取代了传统零售的增长方式……过去，决定零售业的三个关键要素是人、货、场，而今，5G、AI、物联网则是驱动零售业向新零售业转型的"新三驾马车"。消费场景的升级逐渐成为关注的重点，5G与人工智能将构建出三大新型零售场景。

第一个场景是无人货柜和无人小店的模型，通过5G技术，可以实现更加安全的运营模式，因而将得到更广泛与全面的推广。

第二个场景是新型的商业综合体的变化，通过4K/8K超高清监控、远程巡店、AI精准营销网红带货等技术提高企业运营效率，经由 AI 的技术实现更加智能的运营管控，达到降低运营压力，提升新型的商业综合体用户服务水平，都是传统型零售的一个变化。

第三个场景是全新的社区仓模型，通过社区加物流实现。把无人的小店转型成社区仓，把小店门封起来，不对外销售，运营方式经由线上。用户通过手机去选择货物，社区仓将全程由机器人点货、包装、配送到家。全新的社区仓模型需要多方面的配合，如社区、街道等，多方协同让机器人能合规并快速送货到家。

新消费来袭，新消费的核心是顾客购买标准的变化，从过去顾客关注性价比演变到现在顾客开始越来越关注产品带来的新价值。比如文化、颜值、科技、社交、体验，消费者渴望价值观共鸣。未来消费主力市场是"4+2+1"家庭结构下的 Z 世代，不同于"70 后""80 后"的价值观和消费理念，他们偏爱成长型和体验型消费。随着 5G、云、AI、物联网和区块链技术的继续推进，人流、物流、资金流将全面虚拟化、数据化，企业数字化转型迫在眉睫，包括企业内部组织流程的数字化、产品业务的数字化和消费者信息的数字化。

在后疫情时代席卷而来的"数字基建时代"，各种核心软件、底层实时数据库、物联网终端设备、边缘计算设备等被赋予了新的科技内涵。通过打通和加速整个体系中数字的流动，带动相关产业的成本降低和效率提升。而消费者因在疫情防控期加深了对互联网应用的认知和依赖，同时解封后又会表现出对线下人性化消费体验的渴望，两者融合将推动新零售体验式消费快速发展。

　　过去的运营商是一个管道商，到了5G时代，大带宽、低时延等特点使未来网络可以支持更为丰富的应用场景，如物联网、VR/AR等。层出不穷的应用给运营商带来流量的持续爆发式增长。身为通信运营商的三大企业，通过这样一个技术实现全新的智能服务，把应用和管道结合起来，为行业为客户提供更好的服务网络。将5G的核心能力全部开放给各个行业，尤其为零售业提供好的网络平台，为创新制造更多机会，节约创新过程中所要消耗的初始成本与时间。

第六章
AI+5G 营销工具的前景与展望

5G 时代，移动互联网已经全面普及，进入智能互联网时代，5G 万物互联带来很多新畅想。5G 数字媒体未来将存在四个方面的新导向——从中心化到社交化，再到矩阵化，最终走向社会化；5G 带动数字媒体形态向实时性、超高清、智能化升级；人工智能、XR 技术商业化让数字媒体生产模式发生巨大改变；万物互联的愿景为数字媒体打开更广阔的空间。

随着 5G 时代的来临，营销领域将迎来深刻的变革，新技术的落地应用将催生众多的新营销方式，行业将迎来新的机遇。5G 时代，大数据、云计算、物联网、5G 融媒体等技术的应用，为品牌宣传营销开启全新局面。

第一节　AI+5G时空营销的五个发展趋势

如今，5G已经出现，并已成为移动端发展的大势所趋。在未来的5年里，5G技术的应用将越来越广，而基于这样的一个大背景，对于市场的发展而言，首要受影响的就是营销的部分。5G将会使企业营销的渠道发生前所未有的改变，其中，对数字化营销的影响最为明显。

一、数据更海量，精准营销更具个性化

精准营销，需要经过数据收集、整理和运用的环节，以往的4G时代，数据收集方面所能做到的比较有限，大多数据都只是关于消费者的基本信息、点击量、访问量。而在5G时代下，高速率、低时延，对消费者行为数据的抓取将会更加精准和细致。

4G给我们带来的是"人与人"之间的互联，5G带来的则是"物与物"以及"人与物"之间的互联。

首先是"物与物"的互联例如，冰箱能够感知食物剩余

数量，并据此自动在网上下单采购；洗衣机感知记录衣物数据；电视记录观看内容、时长，并将数据上传等。其次是"人与物"的多感互动数据，过去主要是记录消费者的点击、输入行为，现在视觉、触觉的数据记录也能实现，例如从你的眼球在页面不同位置的停留时长数据，判断你对哪部分信息更感兴趣；当你睡眠质量不佳时，睡眠检测仪能在你起床前告诉厨房电器，提前为你煮好白粥；手表在你吃早餐时自动为你规划上班的最佳路线。

5G时代万物互联，数据的来源更多样，数据的收集和分析也更快速，企业能更迅速抓住目标客户。同时5G时代更多终端设备涌入，更多的数据信息让用户画像更加清晰，企业能更清楚消费者的喜好与习惯，为消费者提供更好的个性化服务，让"精准营销"更加精准。

与4G相比，5G的带宽更大，数据传输速度更快，单位时间里能抓取到的数据更多，数据的处理也会更高效。通过对更海量的数据的分析，对用户的画像将会更精准，更有时效性。可能你2分钟前刷了一个关于香水的微博，并点了个赞，你再切换到购物平台，就马上会有相应的好物推荐。数据的快速处理和用户画像的高效构建，能使数字化营销更好地做到"千人千面"，精准营销。

二、线上营销更畅通，提供更深入的沉浸式体验

5G 的高速率是它的一大特点，当 5G 得到应用后，全民的网络速率都会得到质的提高。5G 的峰值理论传输速率可达每 8 秒 1GB，比 4G 网络的传输速率快数百倍。也就是说，以前下 1 部电影的时间，现在可以下 10 部了。

这样的网络速率，会使网上营销渠道被进一步激化，更加畅通无阻。在同样的单位时间里，人们可能会更快速地接收到更多来自四面八方的信息，这对数字化营销带来的影响是十分显著的。更畅通的网络意味着能提供更沉浸式的营销体验，受众会更好地沉浸在数字化营销中。

5G 时代，2 秒就可以下载一部两小时的电影，高清视频可以随时在线观看，XR、AR、VR、360 全景等技术的运用毫无压力。

以往，消费者对产品的了解大多是通过文字、图片、视频，但如今，消费者不再轻易地被这种简单的文字、视频方式所打动。5G 的到来，让他们有了更高的需求，他们开始注重"视觉、听觉、嗅觉、味觉、触觉"相融合的沉浸式体验营销。

沉浸式体验营销是让消费者不仅仅简单地体验产品，更

多的是让消费者能够体验到产品带来的感觉，从而加深对产品的了解。

5G技术推动XR、AR、VR、360全景技术走向成熟，最大限度地融合虚拟与现实，带来更多元的内容和信息，推动沉浸式体验营销的发展。5G时代企业能向消费者传递更多有价值、有意义的信息，并且在AR、VR等众多技术的支持下，消费者足不出户便能全方位了解产品。摆脱传统媒介的束缚，如今的各种技术能够让产品实物逼真地出现在消费者面前，让他们与产品实现真正的零距离互动。

在5G技术的支持下，未来会有更多企业探索AR、VR等沉浸式媒体格式，为消费者带来更丰富、更有趣的体验。

三、5G玩转智能营销

在4G时代，企业大多采用"广撒渔网"这种粗放的广告投放方式，而且企业与消费者之间的交流相对较少，这让企业对于消费者的反馈无法及时了解，广告投放后的转化率难以估量，营销的效果更是无法评估。

广告投放的精准度很大程度上决定了最终的转化率。过去，电视、互联网上大量的广告只考虑到输出，而没有考虑到回报。粗放式的广告投放读者少且造成了资源浪费。

以往的技术无法实现精准的广告投放，5G技术加上智能营销实现了这一可能。

首先，5G技术能够对海量的数据进行全方位、多维度的筛选，让消费者群体更细分、特点更清晰。

有了5G技术提供的数据后，智能营销能够洞察消费者需求，精准定位受众，为营销关键环节赋能，优化投放策略，增强投放针对性，让消费者能看到自己感兴趣的营销内容。

此外，5G技术加强了"人与物"的联系，未来走在街道上，抬头看到的或许就是我们心中正在想的某类产品的营销广告。

企业的营销效果如何，有时需要从消费的反馈中得知，过去的阅读量、点击率数据还不足以完全反映消费者的态度，更深层次的互动才能帮助企业了解更多消费者的需求和想法。

智能营销相比传统营销一大特点便是它能够实现双向传播，而5G技术又使得这种双向传播更高效。

智能营销一大重要特征是交互性，它的核心是像人一样思考，从人的诉求出发跟人进行互动。消费者对营销内容的意见和建议可以及时传递到企业，在这一过程中，消费者的需求可以更好地展现出来。

5G 技术能做到对消费者视觉、触觉情况的迅速捕捉，消费者的行为、眼神停留情况能被企业及时获知，加上智能营销的双向传播机制，企业能更及时地对营销内容做出调整。

5G 时代的到来，很大程度上改变了传统营销，它让智能营销更智能，也让企业的营销变得更高效。

四、线上线下深度融合，交互体验更全方位

目前，很多行业都在做线上线下的融合，但因为运营难度大，数据同步速度慢等原因，尚未完全实现深度的融合，都只停留在形式上的结合。当 5G 时代到来，数字化营销将是线上线下深度融合的一个纽带。

首先，通过更高效的线上多媒体广告，打通线上，给消费者提供多角度的视觉上的感官体验；其次，通过连接媒介，如小程序码、二维码等方式，使线下联通线上，给消费者更多的交互体验，使用户体验更全方位。

五、多载体融合营销，应用场景更广阔

在即将到来的 5G 时代里，网络的主要目标是让终端用

户始终处于联网状态。5G网络支持的设备远不止是智能手机——它还要支持智能手表、健身腕带、智能家庭设备如鸟巢式室内恒温器等。这就意味着,数字化营销的载体更多样化了,可以通过不同的媒体进行数字化营销。举个例子,对于你所关注的东西,不单单只会出现在淘宝的好物推荐里,微信的朋友圈广告,也有可能通过联网了的智能手表、健身腕带等进行传播。

数字化营销不单单只是"广撒网",还可以根据物品的属性,选择更合适的应用场景,进行合理的营销推广,真正做到提高营销推广的转化率。

5G时代下,时空营销充满了无限可能,也将可能成为未来5~10年内营销的主要发展趋势,企业必然要学会如何更好地利用5G时空营销,才能在时代的大潮中,扬帆前行得更远。

第二节　AI+5G 商务智能探索品牌营销新范式

5G 商务智能聚焦 5G 智慧商业场景,主推六大核心标准化产品，整合 5G+AI+大数据+新零售等平台/资源能力，提供一站式的"品牌、营销、服务"商企综合服务解决方案。

一、5G 商务智能平台 赋能企业数智化转型

随着数字时代的到来，商业市场迎来全新升级机遇，基于 5G、AI、视频等技术的新营销方式发展迅猛。作为通信服务运营商企业，联通在线沃音乐一直专注于将数字技术融入企业营销，解决企业品牌宣传、市场推广、用户转化等核心业务问题，助力企业实现商业新增长，为数字经济发展创造更大价值。

2022 年 3 月，在"2022·5G 新营销峰会"上，联通沃音乐、联通云信、联通云邮联合发布 5G 商务智能平台，聚焦 5G 智慧商业场景，打造一站式的"品牌、营销、服务"等综合服务解决方案。

5G 商务智能平台基于 5G 超级名片、5G 视频号、5G 品牌管家、5G 时空营销、5G 数智服务、5G 商务会员等模块，从新品牌、新营销、新服务、新运营四个维度，为商企伙伴提供全 IP 化品牌资产库、全链路五流合一全场景整合营销、用户服务场景视频化、私域运营等解决方案服务，赋能企业

数智化转型。

联通在线沃音乐重磅发布 5G 商务智能平台，基于数字技术打造"品牌宣传、营销获客、用户服务、平台运营"一站式解决方案，赋予 5G 时代企业发展新内涵。

二、聚焦新品牌、新营销、新服务、新运营

随着时代发展，企业宣传营销推广迎来前所未有的升级机遇，IP 化、视频化、AI 化是当下品牌营销的主流发展方向。但不少企业因大数据、AI、云计算等技术难题，被挡在 5G 数智商务门外。作为通信服务运营商企业，联通在线沃音乐始终致力于为广大企业用户带来更好的服务体验，本次全新推出的 5G 商务智能平台，聚焦新品牌、新营销、新服务、新运营四大维度，助力商企用户适应 5G 时代发展潮流。

在"新品牌"层面，基于强大的虚拟数字人、超高清音视频制作能力，5G 商务智能平台实现为商企用户提供全 IP 化品牌资产库、全 AI 化创意互动以及全视频化视觉冲击，助力企业形成专属品牌特色、优势；"新营销""新服务"层面，平台依托 5G 超级名片、5G 视频号、5G 时空营销等模块，打造全时空、全链路的一体化营销，帮助商企用户全面提升

服务价值、体验;"新运营"层面,联通在线沃音乐通过私域运营以及能力平台矩阵强势赋能,为企业品牌发展提供持续性动力。

5G商务智能平台将为企业提供全场景整合营销、用户服务场景视频化、私域运营等解决方案。

三、聚势共赢引领产业协同发展

一个产业的繁荣,依靠的不仅仅是一家或几家企业的强大,而是需要产业上下游的协同发展。在打牢自身资源、技术、能力基础的同时,联通在线沃音乐积极开展与行业伙伴的合作互助,成立星空联合创新实验室、5G新文创产业联盟等机构,形成互利共赢、创新开放的良好生态环境,发挥多方优势,为商企用户带来更全面、更细致的资源服务支撑。

为了更好地赋能合作伙伴,联通在线沃音乐还陆续推出了行云计划、活水计划、星火计划等合作政策,面向合作伙伴提供资金、技术、服务支持,促进技术转化、应用落地、产业联合,为5G商务智能领域发展注入鲜活力量,全面激发产业数智化转型活力。

5G引领改变，5G颠覆世界。推出5G商务智能平台，仅仅是联通在线沃音乐探索5G数智商务领域的阶段性动作。未来，联通在线沃音乐将继续挖掘数字技术在品牌宣传、营销领域的赋能价值，为更多商企伙伴提供便捷、高能、全面的数智服务，开创5G品牌营销新局面。

四、5G商务智能平台将为品牌方打造虚拟数字人

目前各大综艺、品牌等纷纷建立自己的虚拟IP，抢占市场虚拟IP红利，如伊利、钉钉、肯德基、欧莱雅、屈臣氏都纷纷推出自己的虚拟"花旦"。

2022年2月，联通在线沃音乐也发布AI数字孪生虚拟人，可以按照不同方案提供女主播、客服、业务讲解员等数十种主播模型，用户还可根据不同的应用场景生成多元风格的数字人模型。目前中国联通首个自主研发的虚拟主播vivi，已经在联通多个线下活动中担任串场主持人。

随着5G技术的发展、明星主播频频翻车，虚拟数字人应用场景越发丰富，有数据显示，目前有超过五成用户有为虚拟人消费的意愿。而随着应用场景的拓宽，服务型虚拟人有望快速发展，可能今后会有越来越多的企业选择虚拟数字

人作为代言人。

现在已经进入"营销 4.0 时代"，元宇宙概念的兴起带动虚拟人物兴起，而 5G 提速使得更多更快的流量将人们零碎的时间占满，形成新营销机遇。

虚拟人物打破了品牌与消费者之间的次元壁。不再通过会离职的公司员工、会塌房的明星偶像与消费者沟通，而是能够一直沿用的虚拟构象。如抖音虚拟美妆达人"柳夜熙"，被称为 2021 年的"现象级"虚拟人。该短视频作为账号首支作品上传后，5 小时内获赞 247.7 万，目前"柳夜熙"的单条视频商务合作总价值破百万、视频平均点赞破 170 万，掀起元宇宙浪潮。

五、构建 5G 商务直播生态圈

在数字化技术以及突发疫情的双重催化下，直播成为经济发展的新热点。2022 年 3 月，联通沃音乐文化有限公司召开 5G 商务智能直播发布会，携手产业伙伴成立 5G 商务智能直播联盟，共建商务智能直播新生态。

随着数字时代的到来，商业市场迎来新的升级，以"电商直播""精准营销""数据监测"等为代表的商务智能，成为行业重点关注板块。面对时代赋予的新机遇，中国联通全面部署商务直播板块，聚合网络、技术、空间、内容资源，形成做大、做好"新联接"的概念，打造"1+N+M"聚拢主播生态，赋能行业伙伴升级发展。

沃音乐携手伙伴成立"5G商务智能直播联盟"，将强化资源整合，从人才培训、流量触点、精准大数据、内容生产、直播运营、供应链六个层面，构建5G商务智能直播联盟生态，助力商务直播全面开花。

5G商务智能直播联盟着力打造三大业务板块，以联通庞大的用户、内容、产品、合作商储备为底层，从基础能力、营销能力、直播生态三重维度培育扶持，帮助中小商家加速直播入局；同时聚焦政府市场，通过联通手厅+视频彩铃亿级双入口，全方位赋能政府公益直播。此外，沃音乐还将全面细化场景定位，通过大数据场景挖掘，专业化内容定位赋能企业全场景IP孵化，实现企业IP品牌化和市场化。

5G开启无限可能，沃音乐聚焦多元化5G智慧商业场景，基于5G商务智能平台，携手产业伙伴成立5G商务智能直播联盟，打造集供应链管理、IP孵化、直播运营等服务于一体的直播联盟平台，将为数字经济发展创造更大价值。

第三节 5G 视频号：
企业品牌传播的新领地

运营商在 5G 时代能更好地赋能数字媒体，作为重头戏，中国联通全新产品——5G 视频号在 2022 年 4 月底正式亮相。"5G 视频号"，打通通信网和互联网双平台，实现用户双网服务同步，打造全行业、宽领域、泛智能的"视频通信服务 +5G 数字媒体平台"。

一、5G 视频号是什么

对于中国联通而言，5G 视频号可以看作是视频彩铃的升级和强化，其定位是"5G 视频通信 +5G 数字媒体"的融合平台。

5G 视频号拥有四大产品组合，分别是个人视频号、企业视频号、官方视频号、创作者视频号。其中，个人视频号的目标用户是乐于社交的个人用户，企业视频号的目标客户是大型企业、小微商户，官方视频号的目标客户是政府机构、媒体，创作者视频号的目标客户是文创 IP、网络 KOL、明星等。

5G 视频号还打通了中国联通旗下视频彩铃、中国联通 App、5G 新消息等多个视频应用入口，其核心点是要向视频彩铃、5G+XR 新模式、5G+AI 新形态、5G+ 数字媒体四个方面延伸。

在视频彩铃方面，会从振铃阶段延伸到通话中、通话后阶段，实现通话过程全部视频化；在 5G+XR 新模式方面，会衍生出全息扫描、3D 建模等新功能，数字 IP、AI 数字孪生等新能力，虚实结合的沉浸式交互的新体验；在 5G+AI 新形态方面，会利用 AI 技术提供 AI 数字人等新智能应用，会通过数字创作、真人形象建模等能力提升创作水平，还会提供智能化、模块化、标准化的新服务；在 5G+ 数字媒体方面，会联合 5G 数字媒体行业的相关企业、高校及行业组织，打造 5G 数字媒体产业服务平台，推动数字媒体走得更远。

5G 视频号未来能够为企业和个人的新品牌、新营销、新商务、新运营，以及新创意带来更多想象空间。

从产品定位和赋能能力来看，5G 视频号非常契合新媒体融合平台属性。显然，5G 视频号是中国联通面向 5G 时代打造的一个视频应用新物种，一个 5G 时代的融媒体新平台，是运营商在5G时代打造"杀手级应用"的新努力。

二、5G视频号能带来什么

5G视频号是中国联通面向C端和B端市场的平台级融视频产品,产品定位比较清晰。

同时,中国联通还拥有一个规模可观的、稳定的短视频入口。据悉,中国联通视频彩铃用户有2亿户,日活用户超过1亿户,视频彩铃日播放量达到2亿次。

那么,5G视频号能给用户带来什么?

5G视频号会在全面视频化助力、全场景互通、多平台互通、新科技赋能、生产力赋能等方面,为个人、企业、政府、IP、创作者带来全新的体验,全新的赋能。

总体而言,中国联通对5G视频号有一个愿景,即

- 让每一个人通过5G通信全面视频化,成为一个真正的自媒体;
- 让每通电话都能成为一个IP与粉丝互动的场景,帮助IP形成更强大的粉丝圈;
- 让企业客户的品牌传播更直达、更立体、更场景化;

- 让创作者得到腾飞助力，自由翱翔。

为鼓励更多创作者有更强的动力输出丰富的创意和内容，吸引海量的用户，培育和壮大 5G 视频号生态，中国联通从两方面入手。

一是开展"千万内容激励 + 百亿流量曝光"，通过海纳 IP 计划，联动网红、达人 IP 入驻，提升 5G 视频号流量和关注度；通过海纳城市计划，打造 5G 城市名片，为智慧城市代言；通过海纳青春计划，向全国百所高校招募校园达人，丰富内容创作；通过海纳星火计划，聚合社会力量，打造创意内容。

二是在 5G 视频号发布之后，启动"'百大'媒体扶持计划"，邀请中央媒体、地方媒体、垂直大 V 等 IP 入驻 5G 视频号，给予流量政策扶持，并利用平台赋能，提供便捷工具助力创作者进行内容创作。

从这些扶持政策来看，中国联通希望以较多的资源和较大的诚意，加速 5G 视频号落地，助力实现多方共赢。

三、5G 视频号的机会在哪里

无论是对于中国联通而言，还是对于市场而言，5G 视频号都是一款全新的产品,而短视频又是一个红海市场,竞争非常激烈,不乏抖音、微博、微信视频号这些拥有5亿月活用户的重量级产品。面对这样的市场,5G视频号要想站稳脚跟并发展壮大,并非易事。

要抓住用户痛点,准确市场定位,5G视频号就一定可以开辟一片新市场蓝海:

- 面对企业用户没流量、服务薄弱、品牌宣传薄弱的痛点,5G视频号可以成为一款流量大且稳定、专注品牌宣传、支持AI智能客服、拥有专属号码门户的视频号平台;
- 面对媒体用户制作视频太麻烦、覆盖用户有限、营收不高的痛点,5G视频号可以是一款制作、上传、传播超简单,并且流量大、可以获取更多营收的视频号平台;
- 面对政府用户发布通知费时费力、政务信息传达不畅、无法定点覆盖用户的痛点,5G视频号是一款提高消息下发效率、链接政府和人民的覆盖率更高的视频号平台;
- 面对老年用户讨厌用、创作者不好用、乡村用户不会用的个人用户痛点,5G视频号会是一款对创作者、老年人、乡村用户友好的视频号平台。

值得注意的是，在中国联通的规划里，5G 视频号将增加 AI 数字人元素，这意味着 5G 视频号还将为中国联通切入元宇宙增加一个新的入口。

四、融入超多 DIY 玩法，双平台互通随时互动

中国联通 5G 视频号为广大用户提供个人号服务，用户只需前往"联通视频彩铃"微信小程序的视频广场页面，即可注册专属视频号。通过视频号实时发布短视频内容，即可实现通信侧内容同步，支持亲友通过互联网或通信网了解你的最新动态。

同时，5G 视频号支持视频上传，并准备了海量精选热门视频 DIY 模板，还提供家庭群组服务，可通过 AI 相册板块，自动生成全家福视频，打造家族相册，还可关联所有家庭成员号码，一键设置同款家庭视频彩铃。

在家庭间通话流程中，一键接入通信视频号，通话之余，轻松浏览家庭最新消息，通过点赞、语音留言参与家庭生活互动。

五、平台+云网+X 构建5G时代数字化门户

5G视频号平台，支持与政企客服热线打通，助力政企客服窗口升级，构建5G时代政企新型门户。

在政府客户层面，以乡村三农服务场景为例，乡村视频号支持通过互联网页面快速创建三农服务阵地，发布最新农业动态，通过打通乡村热线短号，所有三农动态内容将实时同步云端，对于不习惯互联网操作的村民，只需拨打村委会短号，即刻获取最新的农业信息、学习农耕技术，视频菜单、AI语音等便捷服务。而在政府防疫抗疫场景，支持升级防疫视频号发布最新防疫动态，用户一键订阅，每日通话间即可获取最新疫情动态，同步升级政府服务热线，支持拨打12345帮助老人、残障人士实时获取防疫码。

在企业客户层面，5G视频号平台的企业号是以私域为主的独特社交分发，同时结合AI数字人+媒体彩铃+5G消息等创新功能，打造用户服务、营销闭环，可广泛应用于银行金融、团购外卖、医疗问诊、零售促销、在线教育等领域，助力企业占据流量高地，精准引流有效触达目标受众，实现一体化品牌宣推，最终达成销售转化。

对于媒体行业而言，5G视频号的出现，必将为5G新媒

体画上浓墨重彩的一笔。首先是视频彩铃的短视频富媒体形态，具备极大的视觉呈现效果；其次是通话过程每日亿级点对点触达，大大地提升了传播能力。中国联通已积极拓展IP号、媒体号的跨界新玩法，比如联合虚拟偶像集原美、知名数字经济学者刘兴亮等试点推出超级IP视频号，探索创意IP运营新模式。

此外，在冬奥期间中国联通联合新华网相继推出了冬奥视频号，在防疫抗疫过程中联合央视打造了防疫视频号，在建党百年之际联合国家文物局打造党建视频号，这些视频号均取得百亿量级传播，充分展现了5G视频号宣发能力，助力媒体、政府充分实现社会责任担当。

推出5G视频号平台，是中国联通在"视频通信服务+5G数字媒体平台"上的融合创新尝试，将推动互联网和通信网双平台5G化建设，构建多元化的视频生态。未来，中国联通还将持续丰富、完善5G视频号平台功能和用户体验，提升用户美好生活程度，赋能社会高价值发展。

视频号已成5G数字媒体业界的主流形态，中国联通5G视频号，融合5G视频通信与5G数字媒体的全新产品，在5G新网络能力、5G新通话能力、AI+XR新科技、运营商流量入口、运营商资源及政策的加持下，将成为每一个人个性展现的自媒体，每一个企业品牌传播的新领地。

第四节　5G 数智品牌监测：打造 5G 品牌管家

信息化时代，做好品牌维护对于企业而言至关重要。2022 年 3 月，联通沃音乐在"2022·5G 新营销峰会"上，联合艾媒咨询集团正式宣布成立 5G 数智品牌监测联合实验室，为广大企业用户提供"管家式"全面、细致的品牌声誉保护服务。

随着网络媒体平台的兴起，社会化媒体时代全面降临，每一位用户都可以成为发言人。不经意的一条评论、一篇博文、一段视频都可能给企业品牌口碑带来巨大影响。在这样的时代背景下，做好品牌舆情监测、声誉维护，是每一家企业的必修课。本次联通沃音乐联合艾媒咨询集团打造的 5G 数智品牌监测联合实验室，将依托 AI、大数据等前沿技术，为企业用户提供"定制化监测＋专业化分析"一站式服务。

品牌监测　　高管监听　　产品口碑

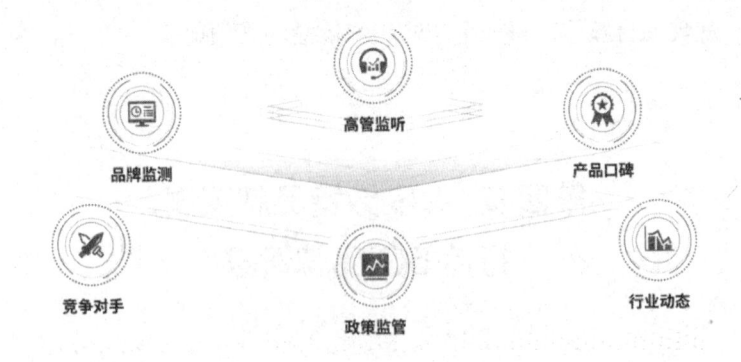

竞争对手　　政策监管　　行业动态

一、"监测+分析"一站式服务

基于"AI+超高清+大数据"的视频影像数据分析能力，联通沃音乐将通过实验室为企业用户提供"AI视频舆情监测系统服务"，围绕品牌核心关键词，同时对全网图、文、短视频进行全媒体监测、挖掘、分析、应用、预警，并实现数据可视化展示，让企业用户直观地了解品牌相关舆情，第一时间处理突发危机事件、了解用户需求变化、掌握品牌宣传效果。

此外，实验室还将为企业用户提供企业定制版舆情态势感知服务，贯穿"舆情实时发现、跟踪、分析、处置、报送"全流程，聚焦特定事件、对象进行定制化监测服务，同时依托艾媒咨询集团的专业分析能力，分行业为企业提供专业分析报告，为企业维护良好公共形象与口碑保驾护航，帮助企业实现高价值发展。

二、平台赋能助力企业走进商务智能

在5G新营销峰会上，联通沃音乐还发布了5G商务智能平台，为企业用户提供一站式品牌营销、运营服务。5G数智品牌监测联合实验室构成了平台中"5G品牌管家"重要能力板块，将配合5G超级名片、5G视频号、5G时空营销、5G数智服务、5G商务会员等板块，助力企业实现打造5G时代"新品牌""新营销""新服务""新运营"。

5G的发展，在各行各业掀起数字化、智慧化转型浪潮。作为通信服务运营商企业，联通沃音乐聚焦5G数智商务领域，将面向企业用户全面开放平台、技术、资源能力，助力企业走进5G品牌营销新世界，赋能数字经济高质量发展。

"5G数智品牌监测联合实验室"是在联通沃音乐与艾媒咨询2022年开启战略合作大背景之下，应运而生。通过双方数据赋能，深入探索5G时代大数据智能化应用的新场景、新思路、新模式，为5G时代未来数据智能新产品的培育孵化提供动能，探索市场发展新思路。

第五节　5G 新文创平台，赋能拓展大文娱

随着 5G 发展进入全新阶段，文创产业迎来新发展动力。5G 正式商用为"5G+ 新文创"提供了重要支撑，为其使用 AI、全息投影、大数据等进一步提供了技术支持。未来，"5G+VR/AR"必然会成为推动新文创发展，拓展大文娱疆界的利器，为数字创意产业的发展提供巨大想象空间。

5G 时代到来，新经济场景不断结合，新文创赛道不断深入，为建设新文创生态圈奠定了高质量的发展空间。自 5G 普及以来，联通沃音乐持续深耕 5G 新文创领域，将 AI、云计算、大数据等科技与文化产业完美融合，创造更多行业创新应用、解决方案，推动 5G 时代文创产业变革。

一、5G+AI+ 新文创组合打造数字内容生态

依托 5G 全新网络架构及高速连接能力基础，5G 新文创云平台融合了中国联通云、网、边、端、业五大优势，针对 5G+ 真 4K 超高清直播、5G+ 在线教育、5G+ 超高清音

乐、5G+泛终端等产业提供一站式解决方案，助力产业5G加速。

另外，5G新文创云平台还积极为音乐IP、权益IP、教育IP赋能，依托联通大网，多节点、多场景加速，助力内容分发以及合作内容变现，建立成熟健全的内容分发体系。

作为新文创产业的创新引领者，联通沃音乐在5G数字媒体方面也在不断地进行新的尝试，驱动数字媒体实现全IP化、全AI化、全视频化、全数字化，通过这"四化"推动媒体和企业转型。

不仅如此，沃音乐还不断推动5G产业生态合作，打造海纳计划、星空计划、畅连计划，携手产业链伙伴推动文创产业再升级，"平台+产品+能力"全方位布局，共促5G新文创产业再升级。

二、沃音乐发布"无限清晰"5G超高清音乐新模式

围绕音乐资源，联通在线沃音乐整合粤港澳音乐制作人、IP资源及HIFI音源打造5G超高清音乐实验室。充分发挥粤港澳大湾区的专业音乐制作人优势和高品质音乐制作技术优势，建立超高清HIIFI音乐制作平台，以5G低时延高

带宽的网络服务、智能技术以及顶级音频制作为基础，推行32bit 为基础的"无限清晰 Infinite-Definition"音乐模式，为5G 用户匹配最高品质的超高清音乐。

三、"5G MEC+ 真 4K"重新定义超高清体验

为丰富 5G 新文创云平台应用场景，平台联合沃学习、沃动漫、沃畅游等品牌，聚合各行业资源，为用户输出包括知名教育品牌及名师资源、头部动漫 IP、云游戏、知名电竞赛事直播等内容以及在线课堂系统、定向流量、动漫 IP 定制等能力，充分满足用户的需求，打造完整 5G 生态体系。

面对 5G 建设的快速发展，运营商面临更多的机遇与挑战。未来在中国联通 5G 优质网络的支撑下，联通沃音乐将继续以创新运营、开放市场、协调生态的理念携手合作伙伴开展一系列终端＋应用＋服务合作的跨界融合，用 5G 赋能新文创产业，让各方共享 5G 发展红利，创享美好智慧生活。

四、携手并进 共建新文创产业生态圈

伴随 5G 相关产业的蓬勃发展，新文创产业深入变革。

一直以来，联通在线沃音乐把握新文创产业发展机遇，在发展过程中沉淀下强大的新文创产业输出和聚合能力，基于AI人工智能、5G+大数据、超高清、XR/VR/MR等高品质内容创作能力，打造集视觉、创意、科技于一体的5G新文创平台，为5G时代文创产业发展奠定坚实的技术、内容基础。

基于在5G新文创领域的深厚基础，沃音乐始终致力于推动新文创产业达成全国片区联盟化运作，旨在充分发挥各自渠道、能力等多重优势资源，推动合作方在动漫、新文创生态方面相关资源的融合，形成以华东地区为核心，面向全国的新文创产业生态圈，全面促进新文创产业繁荣发展。

联通在线沃音乐与中南卡通双方携手共同打造包含动漫在内的5G新文创生态圈，将在内容制作、IP开发、虚拟数字人等重点领域展开深入合作，输出更多创新技术、产品，满足新文创行业多场景应用需求，精准把握文创产业发展趋势，将有效推动文创相关产业的蓬勃发展。

作为国内首家涉猎5G新文创行业的运营商企业，联通沃音乐基于自身的内容、权益、终端、平台、技术等资源优势，积极拓展文创产业发展路径。

第六节　AI+5G 驱动下营销工具的智能化发展

在 AI 与 5G 技术的深度融合下，营销工具正逐步迈向智能化、精准化和动态化的新阶段。这些工具通过 AI 算法赋予自主学习和优化能力，同时借助 5G 的高带宽、低延迟和广覆盖特性，实现了实时数据交互与场景应用。以下将介绍几类关键的 AI+5G 驱动营销工具，它们的核心特点、应用场景以及所带来的价值。

一、智能内容生成工具：个性化传播的高效引擎

智能内容生成工具是 AI 与 5G 结合下的标志性应用之一。这些工具借助 AI 的智能算法，能够自动生成高度个性化的文案、图像、视频等内容，为品牌提供了一种高效、精准的传播方式。这种生成过程无需人工干预，完全由系统根据用户的兴趣和需求动态完成，确保内容能够与目标用户的偏好深度契合。同时，5G 技术提供的大带宽和低延迟网络支持，

使得这些内容可以在生成后第一时间推送到用户的设备上，实现即时性传播。

在实际应用中，这类工具极大地改变了品牌与用户之间的互动方式。例如，在电子商务领域，智能内容生成工具可以根据用户的浏览历史、收藏偏好和购物车记录，自动生成推荐商品的动态广告。某购物平台的促销活动中，通过这些工具，实时生成包含用户感兴趣商品的短视频，并推送到用户的社交媒体账户中。这些视频不仅抓住了用户的注意力，还通过动态展现促销信息提高了点击率和购买转化率。

在社交媒体营销中，智能内容生成工具的价值尤为显著。品牌可以利用这些工具，生成与当下热点话题相关的创意文案和视觉内容。例如，在某个体育赛事期间，工具自动生成结合赛事热点的品牌宣传图，并为不同用户群体定制不同的传播内容。例如，针对年轻观众，工具生成更为活泼的短视频，而针对成熟观众，则推送带有深度评论的静态海报。这种灵活且快速的内容生成能力，帮助品牌大幅提高了内容的互动率。

此外，在品牌推广活动中，智能内容生成工具通过动态调整传播素材，进一步提升了活动的效果。例如，在某品牌的新品发布会上，这些工具根据实时收集的用户反馈动态调整宣传文案和图片设计。活动开始时的推广素材可能以吸引眼球为主，但随着用户关注点的转变，工具会实时生成更详细的产品功能介绍和购买优惠信息。这种即时调整的能力，不仅缩短了品牌响应市场的时间，还让整个传播过程更加贴合用户的兴趣点。

智能内容生成工具的核心价值体现在两个方面：内容创作效率的提升和传播精准度的增强。传统内容创作需要大量时间和人力资源，尤其是在快速变化的市场环境中，内容更新的速度往往难以满足需求。而智能内容生成工具通过自动化流程，将创作时间缩短到几秒钟，为品牌节省了大量人力和成本。

更重要的是，这些工具生成的内容能够根据用户实时反馈动态优化。例如，在广告投放中，如果某种文案表现不佳，工具会基于用户的点击和停留数据，迅速生成新的文案并替换原内容。这种即时优化能力，显著提高了广告的点击率和转化率，同时让品牌传播变得更具针对性和互动性。

总的来说，智能内容生成工具是个性化传播的高效引擎，不仅提升了内容创作的效率，还通过高度贴合用户需求的动态内容拉近了品牌与用户之间的距离。未来，随着

AI技术的不断进化和5G网络的进一步普及，这类工具的应用场景和功能还将进一步拓展，为品牌营销创造更大的价值。

二、实时用户行为分析工具：精准决策的动态支撑

实时用户行为分析工具以AI深度学习为基础，通过全面分析用户的浏览路径、点击行为、停留时长等数据，为品牌提供精准决策支持。这些工具结合5G技术实现毫秒级动态反馈，不仅能够描绘用户的行为轨迹，还能预测潜在需求。这种能力使得品牌能够随时调整营销策略，快速响应市场变化，进而提高营销活动的精准性和有效性。

在电商领域，这类工具的应用尤为广泛。用户在浏览商品时，其行为数据会被实时捕捉和分析。例如，当用户多次查看某件商品却迟迟未下单时，系统会分析用户行为的可能原因，如价格敏感性或对产品详情的关注点不够清晰。基于这一洞察，工具可以在用户再次访问页面时推送限时折扣信息、增强型产品对比内容，甚至提供推荐的替代商品。这种实时优化商品推荐的能力，极大地提升了用户的购买意愿和转化率。

线下零售场景中，实时用户行为分析工具同样展现了其强大的应用潜力。在购物中心或实体店中，这些工具可以通过监控用户的行走路径、停留区域和商品互动行为，为商家提供实时的动线优化建议。例如，如果系统发现某一区域的顾客流量较高但购买转化率较低，工具可以建议调整商品的摆放位置，或通过现场数字屏幕推送折扣信息来吸引顾客驻足。对于商家来说，这种即时调整不仅提升了顾客的购物体验，也显著提高了销售业绩。

广告投放也是实时用户行为分析工具的重要应用领域。品牌在推广活动中需要根据用户的行为数据，快速调整广告素材和投放策略。例如，在一次大型促销活动中，实时分析工具能够监测用户对不同广告的点击情况。如果某些广告点击率较低，工具可以自动调整内容，例如更换标题、调整产品图片，甚至生成更具吸引力的动态素材。通过这种即时优化，广告的传播效果得以最大化。

这种工具的核心价值在于其即时性和预测性。相比传统的静态分析模式，实时用户行为分析工具通过动态数据捕捉和实时响应，让品牌始终处于主动地位。它不仅帮助品牌精准识别用户需求，还能根据用户的行为变化快速调整策略，确保营销活动的高效性和针对性。

最终，这类工具带来的商业回报不仅体现在更高的转化率上，还体现在更好的用户体验中。通过深入了解用户行为并快速作出优化，品牌能够构建更加个性化的互动方式，增加用户的满意度和忠诚度。在竞争激烈的市场中，这种数据驱动的灵活决策能力，已成为品牌脱颖而出的关键因素。实时用户行为分析工具不仅是一种技术手段，更是现代营销中不可或缺的动态支撑力量。

三、虚拟互动体验工具：沉浸式场景的品牌构建

虚拟互动体验工具是 AI 与 5G 技术结合的典范，也是现代品牌营销最具创新性的工具之一。这些工具通过增强现实（AR）、虚拟现实（VR）以及混合现实（MR）技术，为用户打造沉浸式的互动体验，突破了传统营销的限制，为品牌创造了全新的传播和互动形式。在 5G 网络的支持下，这种沉浸式体验不仅更加流畅，还能够实现实时反馈，让品牌与用户之间的连接更加紧密和个性化。

在购物场景中，虚拟互动体验工具的应用尤为广泛。线上试衣、试妆以及家居摆放等服务已成为越来越多品牌吸引消费者的关键手段。想象这样一个场景：用户通过智能手机

或AR眼镜，选择自己喜欢的一件衣服并立刻在虚拟试衣镜中"穿"上这件衣服。系统会根据用户的体型数据自动调整衣服的尺寸，并提供不同颜色或搭配建议。这不仅让用户省去了试穿的烦琐步骤，还极大增强了购物的趣味性和便捷性。同样地，在家居领域，用户可以通过AR工具，将家具的虚拟模型"摆放"在自家客厅中，以直观感受家具的尺寸、颜色与整体风格是否匹配。

文旅领域是虚拟互动体验工具的另一个重要应用场景。许多旅游景区或博物馆开始利用这些技术为游客打造独特的虚拟导览体验。例如，游客可以戴上VR眼镜，瞬间"穿越"到古代某一特定的历史场景，亲身感受当时的社会风貌和文化气息。这种体验不仅为游客提供了更生动的内容，还能够让历史与文化的传播更加立体、具体。此外，AR技术还被用来设计虚拟景点打卡功能，让游客通过手机镜头发现隐藏的虚拟彩蛋，比如历史人物的虚拟化身或景点的数字化再现，从而增加了游客与景区之间的互动。

教育和大型活动中，虚拟互动体验工具也发挥了不可或缺的作用。虚拟课堂是这些工具在教育领域的一项重要应用。通过VR设备，学生可以"走进"一个远古恐龙世界或宇宙星际实验室，在身临其境的学习环境中获得更加直观的知识理解。同样地，品牌在举办产品发布会或展览活动时，也可以利用 MR 技术打造更具冲击力的展示。例如，一家汽车品牌在发布新车型时，通过 MR 技术让观众看到汽车的内部构造，甚至"坐"在虚拟汽车中亲自体验驾驶感受，这种互动方式极大地增强了品牌活动的吸引力。

虚拟互动体验工具的核心价值在于其创新性和参与性。相较于传统营销方式，这些工具能够通过沉浸式的体验增强用户的记忆点。例如，用户在通过 AR 试穿某件衣服后，即使没有立刻购买，也会因为这段趣味体验对品牌留下深刻印象。这种带有情感联系的记忆更容易激发用户的复购行为，或者让他们主动在社交平台上分享自己的体验，形成二次传播。

此外，这种高度沉浸式体验还能帮助品牌建立差异化竞争优势。在当下营销手段趋同的环境中，虚拟互动体验提供了一种独特的方式，让品牌不再局限于单向信息的传递，而是与用户形成双向互动。这种互动形式不仅增强了用户的参与感，还提升了品牌形象的科技感和前沿感，尤其在年轻消费群体中，能够极大地提升品牌的吸引力和忠诚度。

总而言之，虚拟互动体验工具为品牌构建了一座桥梁，让用户可以以全新的方式了解和体验品牌。无论是在购物、旅游还是教育场景中，这些工具都通过沉浸式的技术，为用户带来了前所未有的真实感和互动性。随着技术的进一步发展，虚拟互动体验工具将继续拓展更多应用领域，帮助品牌在竞争中保持创新优势，打造独特而深刻的用户体验。

四、AI+5G 赋能营销工具的深远影响

AI 与 5G 的结合正在深刻重塑营销工具的形态与功能，从智能内容生成到实时行为分析，从个性化推荐到虚拟互动体验，这些工具为品牌提供了更高效、更精准、更互动的营销解决方案。通过 AI 技术的智能分析和 5G 的高速传输支持，品牌能够快速响应市场变化，为用户提供个性化、沉浸式的体验。这不仅提升了营销效率和传播精准度，还显著增强了用户的参与感和品牌忠诚度。

这些工具的核心价值在于其智能化、即时性和创新性，助力品牌在激烈的市场竞争中占据主动地位。同时，它们也推动了品牌数字化转型，为长期发展奠定技术基础。未来，随着 AI 和 5G 技术的不断突破，营销工具的应用场景将进一步拓展，其智能化程度和用户体验的丰富性也将持续提升，成为品牌构建差异化竞争优势的关键推动力。

第七节　流量池经营 + 生态化合作

一、运营商向私域流量模式转变

私域流量可以说是运营商营销模式领域的一次重大变革。在过去 20 年，运营商主要的服务营销模式演进缓慢，缺乏革命性的变化。20 年前，客户使用短信、电话进行远程沟通，线下购物；而今天，客户通过微信、视频、朋友圈、抖音进行社交，使用手机 App 进行购物消费，客户的社交、消费习惯已经发生了翻天覆地的变化。随着运营商管道化加剧，触点纷纷失效，获客也变得越来越困难。

与此同时，运营商用户规模接近饱和，通信市场进入成熟期，获客成本越来越高。从 2019 年开始，私域流量模式在互联网领域风生水起，熟人社交、社群营销成为互联网行业的主流玩法，运营商向私域流量模式转变，进行低成本的社群运营，成为抢占市场的新机遇。

因此，运营商要进行私域流量运营，就要在网格化的基础上，更垂直深入地进行线上线下协同，建立与客户接触的新通道，从传统营销模式变为社群运营。运营商要想实现私域流量，则需要建立关键路径点，通过做强平台能力，逐步实现社群运营，进行流量的变现。

（一）实现线上公域流量到私域流量的转化

运营商的私域流量平台是以"网格化管理＋企业微信生态"为基础，建设运营商的中台能力，包括获客、识客、活客、转化、裂变五大能力。通过私域流量平台建设，运营商可以从微信的公众号、小程序、掌上营业厅进行客户引流，建立员工直接与客户沟通的新桥梁，利用平台进行客户社群营销，创新模式使用户服务、日常互动、业务受理及传播裂变形成闭环，最终实现线上线下协同，完成服务营销模式变革，重新赋予运营商业务发展的新动力。

（二）社群运营变现实现私域流量的业务赋能

首先，客户运营一定要从客户思维出发，进行精准营销和轻打扰。运营是长期的事情，要通过更低成本的运营与更精准的用户触达，让少量的曝光量获得更高的收益。其次，从长期看，私域流量变革的最终目标是进行流量转化，即实现流量变现，通过私域流量变革，带动整个营销模式变革。

与其他行业相比，运营商有其明显特征：

①产品单一，丰富运营产品体系。运营商的产品包括号码、语音、流量、套餐、家宽终端等，并不是高频订购的产品，因此很有必要引入会员体系、卡券权益、异业商品，形成对客户有吸引力的产品生态体系。

②资源充足，加强私域资本投入。运营商降本增效后，社会渠道业务促销资源的总体规模被压降，但资源费用的总额仍然较大，通过加强私域流量的资源投入，增加内部员工的激励费用和外部客户的活动优惠费用，快速做大私域流量池，运用社交裂变工具，实现业务规模迅速增长。

③线下能力强，私域流量平台赋能。运营商线下渠道比互联网的线下渠道更有优势，要转变发展思维，线下线上能力协同，用私域流量平台赋能线下渠道，通过H5店铺、小程序矩阵、直播工具来实现流量变现。在巨变的时代，唯有变化才能生存。传统渠道产能日渐萎缩，传统营销模式风光不再，运营商面对新的变化，唯有不断深化网格化改革，进行私域流量变革，才能焕发新的活力。

二、新生态是对流量的新理解

在过去，三家运营商比较传统的思路是，流量是语音、短信之外一种新的计费手段，用户在访问互联网的过程中，使用运营商的基础网络，运营商则按照其访问互联网时候传输数据的多少，以 M 为单位进行计费。这种以计费手段为核心的模式中，运营商只是一个"管道工"的角色，参与度不高。但现在，流量已经成为一个营销载体，以产品为依托成为移动营销平台。整合三网流量对外输出能力，合作企业可以通过这些产品做活动，发展和经营用户；用户可以通过参与活动获取流量，并对自己的流量进行管理。运营商、服务商、企业以及用户构成了基于移动营销平台的流量生态，运营商是其中比较重要的一环。

此外，运营商和互联网企业都在谈流量，差异点在哪里呢？一个是底层的流量，一个是表层的流量，但一致的是，都反映用户的关注情况。鉴于流量的层次属性，对流量的思考也可以转化为对用户的思考；对流量的经营，也可以理解为对用户的经营。在这种思考框架中，凡是有"互联网+"的地方，就有"流量+"。在互联网生态中，同时也会有流量生态的逐步渗入。

从用户经营的视角来看，如果把流量作为计费手段，那么用户的定位就是流量消耗者，使用运营商网络给运营商钱，形成最简单的购买关系。在这种思路下，运营商对于用户的经营就是看流量消耗多少，将用户分层进行管理，这种传统的方式是没有多少想象空间的，在竞争中，价格战可能是最好的发展用户的方式。

如果把流量作为营销手段，打造流量生态，那么对用户的定位就是关注者。企业发展品牌、销售产品，而用户也有各种物质与文化产品的诉求，在产生消费行为之前，关注行为是企业和用户都需要的，在这个环节以活动的形式介入无疑具有更大的创新空间，能够促进整个产业的发展，让流量发挥更大的价值。

但有一个不容忽视的事实是，流量营销生态化的基础是流量的稀缺性，当流量不再稀缺，它就失去了营销的价值。不过，当运营商流量营销生态打造起来之后，可以将营销生态转化为数据生态。在数据生态当中，用户的定位是数据生产者。用户使用流量的背后蕴藏着用户的行为大数据，在保护个人隐私的基础上，这些数据对于社会、对于一些行业都是具有重大意义的，通过数据经营，可以为企业和用户提供更多的服务。

第八节　对客户生命周期运营场景的展望

一、基于客户生命周期的存量经营

作为企业的重要资源，客户具有价值和生命周期。客户生命周期理论也称"客户关系生命周期理论"，是指从企业与客户建立业务关系到完全终止关系的全过程，是客户关系水平随时间变化的发展轨迹，它动态地描述了客户关系在不同阶段的总体特征。

对于通信运营商而言，电信客户生命周期主要是指从客户入网开始使用相应的通信业务到退出该网络这样一个时间周期。通信行业具有自然垄断特点，前期投入金额巨大，随着客户量不断增长，单个用户的成本将逐渐降低，在用户收入贡献度一定的情况下，企业的利润就越大。因此，在新增市场逐渐萎缩的情况下，通信运营商如何确保自己的用户资源不流失，实现客户生命周期价值的最大化成为每个通信运营商应该重点关注的核心。

与此同时，随着通信市场的发展，无论是同质竞争还是异质竞争,都在日益加剧。在同质竞争方面,各通信运营商利用各自优势,通过价格战、终端战、全业务运营捆绑等手段对竞争对手的存量客户资源进行争夺;在异质竞争方面,阿里巴巴、腾讯、百度等大量实力雄厚的互联网企业进入通信市场,通信运营商的现有用户成为它们争夺的资源。因此,通信运营商必须重视存量经营的重要性,制订符合自身发展的存量经营策略,只有这样才能在竞争日益加剧的市场中占得一席之地。

客户生命周期的最重要阶段,包含用户提升、用户成熟、用户衰退这三个子阶段。通信运营商在这一阶段应重点关注用户的在网服务维系及用户价值提升,一方面,可通过积分运营、客户关怀、客户服务管理、客户感知管理等工作维系保有在网用户;另一方面,可通过刺激和引导用户,为其提供满足需求的产品组合或服务组合,提升在网客户价值。

例如,在用户提升阶段,应重视用户黏性提升,此阶段的用户服务诉求主要为基础服务诉求(包括缴费、咨询、查询、办理、投诉、回馈等),在保障基础服务质量的同时要重视客户关怀,提升用户体验和感知。可在某些重要业务上,对重点客户提供有针对性的关怀服务及差异化服务,包括提供信息分析图（如账单分析图）、消费超量关怀、消费不足关怀、流量使用提醒、积分服务、费用提醒、业务推介及试用、主题活动等，提升用户黏性。

在用户成熟阶段，应重视用户价值提升，此阶段的客户服务诉求更高，希望获得差异化的服务，存量经营策略应以提升客户价值为目的，关注和引导客户新增需求，通过终端升级、套餐升级、新业务推介等方式提升客户价值。

在用户衰退阶段，应重视用户保有维系，此阶段要常态化开展客户关怀及服务维系活动，基于数据分析锁定目标客户，精准派单营销，针对用户不满意的环节进行处理和改善，提升客户满意度和感知度。

二、5G时代下的客户经营模式

随着全融合和5G时代的到来，客户的规模价值和消费水平获得了进一步的提升，客户需求也从原来的温饱型需求向品质型需求升级。在这样的背景下，如何更好地开展客户经营工作，在提升客户满意度的前提下提升客户的价值，是运营商现阶段拓展的重点方向。

从2G、3G时代的单宽、单语音，走到4G时代的语音、流量融合业务,再到现在5G时代的视频彩铃、语音、流量、终端、权益、应用、内容的全融合,客户经营已经从单纯的积分兑换、生日短信关怀等传统的客户维系模式,转变到了基于用户的行为画像和客户生命周期来挖掘用户的使用需求,通过增加固话、移动、宽带深入融合,并叠加多样化的内容、权益、应用来满足用户,提升用户感知的新模式。

面对业内的竞争、相关行业的冲击,搭建精细化运营体系是运营商充分利用自身大数据优势更好地实现客户运营的基础。具体来讲,要实现精细化运营,需从客户的需求出发,在形成客户画像的基础上,搭建触发场景,打造立体触点,实现客户运营策略更有效地落地。

(一)做好客户标签沉淀,形成客户画像

运营商在拥有客户消费、行为等传统的通信数据基础上,还拥有客户身份信息(实名制)、位置信息、上网日志等特有的数据资源,因此,在客户运营的过程中需做好梳理整合相关数据资源,通过多维度标签的刻画形成每个客户的画像,为客户运营提供依据。与此同时,客户的行为特征并非一成不变,随着外部环境的变化、个人行为的变化,其特

征也会随之变化，因此，也需要注意客户标签的动态性和实时性。

（二）充分挖掘客户需求，搭建触发场景

场景营销，不仅有利于增强运营商和客户之间的互动，还对产品接受度和客户满意度的提升有着重要的作用。因此，在客户运营中，运营商需充分挖掘客户的流量需求，尤其是一些长尾需求。例如，很多客户在月末面临流量不够用的情况，可以搭建"流量不够用"场景，为客户提供流量安心服务；针对漫游出省、出国的客户，在非本地可能对漫游流量存在较高的需求，因此可以搭建"出差/出游"场景，当客户漫游到异地时可推荐办理漫游流量包。

客户经营是一项长期性的、精密系统化的活动。在5G时代，随着产品的不断丰富、客户需求的不断提升、应用迭代的不断加速，面向存量客户的经营需要我们思考更精准、更有效的方式。基于精准营销的电信运营商客户经营，根据客户生命周期特征，通过精准营销模型开展用户画像，挖掘痛点商机并开展针对性推荐以满足用户需求，最终实现用户黏性及用户价值双提升，持续推动电信运营商的有效发展。

后 记

在本书的创作过程中，我深知每一个章节的完成背后，都凝聚着许多人的辛勤付出与支持。在此，我要向所有给予帮助的人表示最诚挚的感谢。

首先，我要特别感谢暨南大学广告学系的各位老师。你们在理论部分的深刻指导，为本书提供了坚实的理论基础，尤其是在5G时空营销的讨论中，你们的专业知识与严谨的学术态度确保了书中内容的深度与学术性。每一次的讨论与交流，都让我在学术探索中得以深入思考，这对我个人的成长以及本书的完成，都起到了至关重要的作用。

其次，我要感谢小黄鸭数字营销公司。贵公司在市场调研与行业案例研究中提供的无私帮助，使得书中的内容更加贴近实际与市场需求。通过与小黄鸭的合作，我们能够将市场变化、消费者需求与行业趋势紧密结合，从而为本书的应用部分提供了翔实的数据与生动的实例。这不仅丰富了书中的内容，更让理论和实践之间的联系变得更加紧密，确保读者在阅读时能够感受到实际操作的价值。

特别要感谢联通联通沃音乐的全体员工与各位合作伙伴。沃音乐在5G视频彩铃、AI赋能等领域的深耕与创新，使得我们能够在本书中展示出大量真实且具有前瞻性的应用案例。沃音乐不仅在技术创新和行业应用中走在前列，更通过5G新文创、OMO（Online-Merge-Offline，线上线下融合）新零售等解决方案，为行业树立了标杆。尤其是在5G视频彩铃、AI赋能、用户画像优化等方面，作者结合沃音乐的实践经验，阐述了技术如何为营销带来突破性变革，并开辟了数字营销的新天地。我深知，这些成就的背后，离不开沃音乐全体同仁的辛勤付出与不懈努力。

最后，我还要感谢所有在背后默默支持的团队成员、合作伙伴和朋友们。正是你们的支持与鼓励，才让这本书得以顺利完成。每一位贡献者的点滴努力，都是本书能够顺利出版的重要因素。我尤其要感谢那些为本书提供灵感和建议的朋友们，你们的智慧和视角让我在写作过程中充满了动力，推动着我不断追求卓越。

展望未来，5G与AI技术的结合必将为营销领域带来更多的可能性。无论是5G网络的更大普及，还是AI能力的不

后 记

断提升，都会为行业注入新的活力。我们相信，随着技术的进一步发展，智能化、个性化和场景化的营销模式将成为行业的主流。5G 与 AI 将成为推动这一变革的核心力量，它们不仅改变了传统营销的方式，更为营销人员提供了更多创新的思路与实践路径。

希望本书不仅能为读者提供新的理论视角，也能为实际操作提供可行的指导。在快速发展的数字化时代，企业和营销人员将面临更多挑战和机遇，我们期望本书能够为大家提供实用的工具和方法，帮助大家在 5G 与 AI 的浪潮中，抓住机遇、迎接挑战，走在行业的前沿。